Dark Emu

Aboriginal Australia
and the birth of agriculture

ダーク・エミュー

アボリジナル・オーストラリアの「真実」

先住民の土地管理と農耕の誕生

ブルース・パスコウ＝著
友永雄吾＝訳

明石書店

精霊エミューの創造主バイアミは、創造のあと大地から去り、天の川にエミューを黒くふちどって住まわせました。エミューは、オーストラリアの広大な草原、すなわちアボリジナルの人々によって管理されてきた景観と密接に結びついています。アボリジナルの人々にとって、経済と精霊は不可分なので、エミュー、人、そして穀物が持つ運命は平行線上に進んでいます。ヨーロッパの人々は、個々の星を眺めようとしますが、アボリジナルの人々は、星と星が結ばれる空間の中に、精霊エミューを見出すのです。

序　文

今から6万5000年前、一人の女性が一握りの草の種を見て、その使い道について考えていた。彼女はその種を粉にし、水を加えてペースト状にし、炭火で熱してパンを作った。

その証拠として考古学者は、種から粉にするために使用された古代の砥石を、アーネムランドのマジェドベベ洞窟で発見した。ちなみにウィキペディアは、世界ではじめにパンを焼いたとされるエジプトにおいて、そのはじまりを1万2000年前としている。

当時のオーストラリアは、独立し自治を持つ多数の集団（nations）で構成されていた。そこでは、植物を栽培し、衣服を縫製し、水産養殖や農耕のための河川を整備し、精霊への儀式、貿易、農耕に関する事業、婚姻儀礼を実施するために、全土で汎大陸的な協力関係を結び、精神的な規範を作り上げていた。

この規範は、経済・文化・社会に関するさまざまな政策を促進する際の困難に対する人間の驚くべき対応であったし、そのことは現在も続いている。こうした規範が長期にわたり存続し、これにより戦争せずに繁栄できたことがユニークな点だ。

こうした過去、すなわちオーストラリアが失った過去を認めたがらないのは、経済的達成の金字塔であるパン焼きの誕生を知らないことからも明らかである。

なぜ、こうしたことが起きるのだろうか？　土地を奪われた人々が経済的に大成功を収めていたことを認めようとしない悪意があるのか、それともオーストラリアの豊かな資源と機会にもとづく強欲さから生じる忘却に対する単純な崇拝なのか？

もし私たちが、アボリジナルの人々に対する、劣った業績、非定住、精神的な倫理の欠如といった神話化された考え方を払拭できれば、自分たちの土地をより高く評価できるようになるだろう。クイーンズランド州南西部で探検家トーマス・ミッチェル卿（Sir Thomas Mitchell）が見た穀物の収穫や、彼が見たオーストラリア・フェリックス（現在のビクトリア州）の地平線まで続くヤム・イモ（yam daisy）の単一栽培に対して、私たちは疑問を持つかもしれない。これらの作物は、農薬や化学肥料を使わず、気候風土にあった方法で栽培されていたに違いない。きっとそれらは、私たちが調査する価値のあるものだ。

オーストラリアのヤム・イモ研究の歴史を調べると、必ずモナッシュ大学名誉研究員のベス・ゴット（Beth Gott）という女性に行き着く。彼女は、この素晴らしい植物への関心を、ほとんど一人で導いてきた。彼女の研究に触発され、メルボルンの土地管理グループと東ギプスランドにあるブラック・ダック・フーズが、南部アボリジナル経済の主要産物であるヤム・イモの野外実験を開始した。

同様に、ミッチェルや他の探検家が見たブレワリナ（Brewarrina）の魚捕獲罠は、1000人以上の人々を集約できる半定住的な村での生活を可能にする経済状況を作り出した。ミッチェルはその大きさだけでなく、快適さや優雅さにも驚嘆した。

しかし、ミッチェルの報告以後、この魚捕獲罠が4万年前のものであって地球上でもっとも古い人類の建造物であると推測する考古学者もいるとはいえ、魚捕獲罠についての言及を当てもなく探すことになる。仮に1万5000年という一般的な説を受け入れたとしても、これは世界最古の建造物の一つだ。この建造物についての唯一の出版物は、ブレワリナで1976年に出版された50ページの小さな本である。そこでは、次のように明示されている。

オーストラリアの環境に適応した、アボリジナルの人々によって栽培化された食用の植物がいずれ知られるようになれば、単にパン屋の祝日を祝うだけではなく、アボリジナルの人々が継承してきた知的財産がそこに承認されることを期待しよう。

オーストラリアで広く受け入れられている歴史を批判することは、オーストラリア人を裏切ることではなく、英国から受け継いだものに加え、この大地から与えられたすべてのものを享受することに繋がる。

『ダーク・エミュー』は、これらの問題をすべて提起し、臆することなく政治的な問題へと転化する。なぜなら、アボリジナルの人々の主権を認め、オーストラリアの食生活の一部であることが決定しているこれら食品の知的財産をアボリジナルの人々に認めることは、政治的な行為にあたるからだ。

オーストラリアは先住民の食品にますます興味を示しはじめているが、その食品をより活用することでアボリジナルの人々がどのような利益を得ることができるかを問うことはほとんどない。これは植民地時代から続く考え方の一つである。オーストラリア人が、大陸が占有されていたこの12万年間を真に受け止めようとしないことは、国家の成熟を妨げる大きな要因だ。オーストラリア人は人種差別主義者と呼ばれることを嫌うが、白人の優秀さを示すマンガのような歴史が学校で教えられていることに、その偏見の特徴が見て取れる。

しかし、そうした考えを改め前進する方法があるはずだ。それは、テーブルを挟んでパンを食べること、つまりアボリジナルの人々が作るパンを共食することである。ブラック・ダック・フーズは現在、生産量は少ないものの、粉からパンを作っている。このパンの品質は、オーストラリアの有名シェフやパン職人たちから絶賛されている。

ここワラガロー川沿いのユンブラで栽培している穀物や塊茎はすべて多年生であるため、炭素を除去し土壌を健全に保つ観点から非常に重要である。この二つの問題は、世界の資源の略奪や浪費が人類の生存を脅かしていることもあり、ますます注目されている。

特に若者の間では、こうした食品への注目が高まり、価格高騰や浪費の増加を経験した地域の従来の農家は、多年草に目を向けつつある。

土壌と大気の健康を守ることが、熱狂的な緑化活動家や家庭菜園家だけでなく、すべての人々の任務となる、そうした未来を考える時が来ている。世界は、行き過ぎた産業化による農業から回復するための支援を必要としている。そして、毎年の耕作に依存しない作物を利用することが、ますます重要になるだろう。

私たちは、肥料も農薬も、過剰な水も、穀物に与えていない。この穀物はオーストラリアの固有種であり、オーストラリアの土地と雨だけで育つ。にもかかわらず、それらはこれまで注目されることはなかった。大陸の歴史を完全に受け入れることができない国は、その大陸に蓄積されてきた園芸の知恵に永遠にアクセスすることはできない。私たちの食べ物を食べるには、私たちの歴史をしっかりと咀嚼して理解する必要がある。

『ダーク・エミュー』はアボリジナルの過去について推測していると批判されてきたが、そこでの情報は白人の公文書から得たものである。否定し、断罪することは、オーストラリアのアボリジナルの人々の未来を軽視する作業にすぎない。

アボリジナルの人々にはその未来が見えており、さらに、私たちはそうした未来を皆さんと共有する用意ができている。

ブルース・パスコウ

凡　例

- 本書は*Dark Emu: Aboriginal Australia and the Birth of Agriculture*の全訳である。
- 巻頭の序文は、著者が訳者の求めに応じて寄せてくれたものである。
- 左ページのオーストラリア地図は読者の理解のために訳者が作成したものである。
- 本文中の傍点は原書におけるイタリックを示す。
- （　）は原著者による注記と訳者による人物や地名などの原語添記を示す。
- [　]は訳者による注記を示す。
- 本文中の（　）内に小さく記した算用数字は原注番号を示す。
- オーストラリア先住民の固有名や集団名は原則として原文の表記を（　）に示し、カタカナ表記は、アボリジナル・トレス海峡諸島民国立研究所のデータベース（https://collection.aiatsis.gov.au/）、およびファースト・ランゲッジズ・オーストラリアのアーカイブ（https://gambay.com.au/languages）を適宜参照し、訳者が示した。
- オーストラリア先住民の訳語には、アボリジナルおよびトレス海峡諸島の人々とする。ただし、大陸を中心に居住するAboriginalはラテン語由来の言葉で差別的な意味合いがあるため、今日の公文書ではAboriginal people、Aboriginesが用いられる。本書ではこれらをアボリジナルまたは、アボリジナルの人々と表記する。また、近年は国連を中心にIndigenous people(s)やfirst peopleの表記が使用され、そうした表記はオーストラリアでも用いられている。これらの訳語として本書では、先住民と表記する。
- 引用資料や本文中における、蔑視表現として用いられたblack、natives、savagesなどの言葉や、偏見・誤解に満ちた表現などは、本書の主題ともかかわるため、歴史資料として訳語の後の（　）内に原著者の原語をそのまま記載した。
- また本書では、agricultureやfarmingを訳す際に、その文脈によって「農耕」と「農業」を使い分けた。「農耕」は、自給自足で家畜を伴わない食糧生産のための行為を意味し、「農業」は、家畜を伴った市場経済における食糧生産方法を意味する。

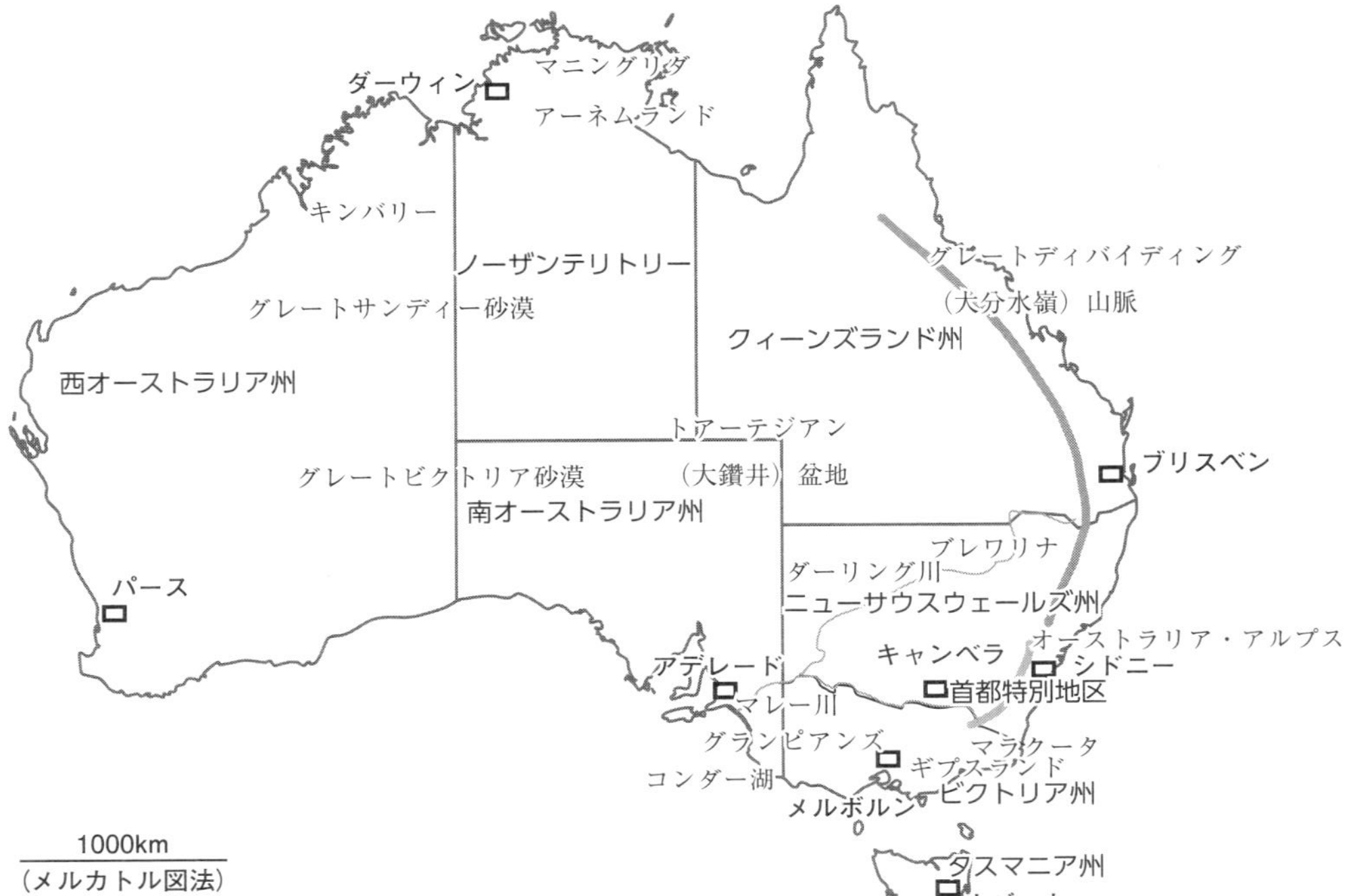
ダーウィン
マニングリダ
アーネムランド
キンバリー
ノーザンテリトリー
グレートサンディー砂漠
西オーストラリア州
グレートディバイディング
（大分水嶺）山脈
クィーンズランド州
トアーテジアン
（大鑽井）盆地
グレートビクトリア砂漠
南オーストラリア州
ブリスベン
ブレワリナ
ダーリング川
ニューサウスウェールズ州
パース
オーストラリア・アルプス
キャンベラ
シドニー
アデレード
首都特別地区
マレー川
グランピアンズ
マラクータ
ギプスランド
コンダー湖
ビクトリア州
メルボルン
1000km
（メルカトル図法）
タスマニア州
ホバート

オーストラリア地図

ダーク・エミュー　アボリジナル・オーストラリアの「真実」　目次

すべてのオーストラリア人に捧げる

はじめに

植民地期の未開拓地におけるいくつかの戦いについて書いた拙著、『コンヴィンシング・グラウンド（*Convincing Ground*）』を２００７年にオーストラリアで出版すると、私のもとに２００通以上の手紙や電子メールが殺到した。その多くは、この地に移住してから4世代が経つ農民や、またはアボリジナルの人々からのものであった。農民たちは自分たちの偉大な曾祖父母の手紙やフロンティア戦争に関する書類を送ってくれた。また、アボリジナルの人々が提供してくれた多くはこうしたいくつかの戦いに関する新しい情報であった。

調査で収集した膨大な情報は、『コンヴィンシング・グラウンド』の出版には間に合わなかったが、情報提供者とのやりとりで得た手がかりを追跡すると、さらに多くの発見があった。

資料のなかに一貫した1本の糸が通っているのが見えはじめたのである。学校で習ったフロンティア戦争が事実を歪曲したものだったばかりでなく、アボリジナルおよびトレス海峡諸島の人々の経済と文化が著しく過小評価されていたのだ。

新しく得た資料をすべて使って、もう1冊書くとすれば、オーストラリアの歴史観の基礎となっている情報源、つまり探検家と入植者の日誌や日記からはじめなければならないだろう。

これらの日誌によって、私たちが聞かされてきたようなオーストラリアの先住民（First People）の質素な暮らし、原始的な狩猟採集生活よりも、アボリジナルの経済ははるかに複雑だということが明らかになった。狩猟採集社会は食糧の採集と狩猟をおこない、農耕をしたり永続的な住居を建てたりすることはない遊動民（nomadic）の社会である。しかしこれらの初期の日誌では、人々がダムを造り井戸を掘り、種を蒔き、灌漑し、収穫し、余剰分を家屋、小屋またはしっかりした容器に保存し、手の込んだ墓地を作り、景観に手を入れたりしていることが繰り返し言及されている。これらの行為のどれも狩猟採集民の定義には当てはまらなかった。オーストラリア先住民が植物から植物へ、カンガルーからカンガルーへ、望みの持てない日和見主義でさまよっていたという、これまで受け入れられてきた光景が間違っていたというのは、ありうるのだろうか？

植民地期以前のアボリジナル経済を目の当たりにした最初のヨーロッパ人の言葉を再検証することとは、興味深いことである。本書での私の目的は、植民地期以前のアボリジナル社会を別の見方で見る可能性に光を当てることである。何千年にもわたって食糧生産に適用されてきたこの勤勉さと創意工夫を振り返るなかで、アボリジナルが見てきたオーストラリアを垣間見ることができる。

探検家の日誌を読むと、多くの人は彼らが耐えた苦難や、彼らが見つけた草原や豊かな川、大きな町を建設できる場所を見つけて魅了されたことを読みとる。しかし、視点をわずか数度変えるだけで、同じ窓から見る世界は大きく異なる。

最初の入植者は大英帝国で生まれ育ち、子どものときに耳にした噂から、人種と運命という考えに心を動かされてきた。小さい頃はこれらの物語に熱中し、やがて「ハーレックの男たち（Men of Harlech）」に乗って学校まで行進し、「神が王を救う（God Save the King）」を聴けば直立不動の姿勢をとり、ホレーショ・ネルソン（Horatio Nelson）、キリスト教十字軍（Christian Crusaders）、アーサー王（King Arthur）、オリバー・クロムウェル（Oliver Cromwell）、そしてもちろんキャプテン・ジェームズ・クック（Captain James Cook）の物語を息を呑んで読み耽った。

ヨーロッパ人は、科学、経済、宗教の面での優位性が自らの運命を左右すると確信していた。特に英国人は、産業における成功が植民地期の野心に当然の権限を与え、文明と神の言葉を異教徒に広めることが自分たちの義務であると確信していた。見返りとして、彼らは植民地の富を奪い取ったのである。

チャールズ・ダーウィン（Charles Darwin）の進化論はまだ到来していなかったが、その基礎である野蛮人（beast）から文明人への段階的な上昇が、当時のヨーロッパの心理を支配していた。最初の英国人旅行者はオーストラリアに航海して、これから何が見つかるのかに思いをはせ、生まれ持った優越感を通して世界を見ていた。

——＊——

ダーウィンの理論が世に出たとき、それは「無主の」土地を占拠することが自分たちの権利であり義務であると信じていた人々に安堵感を与えた。人類学者のトニー・バルタ（Tony Barta）は次のように述べている。

こうした見方の基にあるのは、歴史的なものである。すなわち文明の発展とは勝利的な発展であり、道徳的に正当化されるものであり、おそらく不可欠なものである。ダーウィンの偉大な理論が、人類の滅亡は歴史的なものであると同時に「自然な」ものであるとする考えを促すとき、ダーウィンのこの理論は……彼が持っていた人道的で人間を中心に据えた原則に反した政策をイデオロギーとして隠蔽することを可能にした。この結果、ダーウィンの自然史と人類史における不幸な混乱は、他者によって決定的なものとして利用された。(1)

このような文化的な確実性の影響下にあって、英国人が人類進化のなかでもっとも進歩していることを、植民地開拓者が信じていなかった可能性なんてあるだろうか？　世界は自分たちのものであり、所有することは神によって定められたものであると、信じなかったことなんてあるだろうか？

初期の探検家がもたらした情報をヨーロッパ人の思い込みがどのように選別したかを知ることで、私たちが今日受け入れている国の歴史をどのように持つようになったのかを知ることになる。リンダ・トゥワヒ・スミス（Linda Tuwahi Smith）は、帝国主義を分析しているが、そこでは帝国主義が、経済的な実践および軍事以上のものであり、それはまたイデオロギー的な行為であり、「他者」をヨーロッパ人の願望のための道具として見なすあつかましい自信であるとする。[2]

探検家の日誌から明らかなように、オーストラリアで新しい文明に驚嘆する人はほとんどおらず、彼らはその文明を入れ替えるためにそこに存在していた。ほとんどは、入植者が利益を得ることができる風景をただ描写していただけであった。植民地期以前から存在した先住民の経済がやがて自分たちに取り込まれることを知っていたために、それが存在していたという証拠を気にかける人はほとんどいなかった。

偏った見方と誤解

以下の話は、これらの仮説が持つ力と、植民地における入植者の存在を正当化する必要性を示す良い例である。

ベバリッジ家（Beveridge family）はメルボルン周辺の植民地の平原で栄え、その名にちなんだ地区が作られたほどだ。彼らの富が確固たるものになると、息子のピーター（Peter）とその友人のジェームズ・カービー（James Kirby）を、まだヨーロッパ人の手がついていないマレー川（Murray River）の地域に送り出すことにした。

この青年たちは１０００頭の牛を１８４３年にメルボルン郊外からマレー川まで運んだ。彼らは何人かの原住民（natives）に出くわし、そのときのことをベバリッジは日記にこう記している。

彼らの多くが手に緑の枝を持っていて、「ヤバー・ヤバー（yabber yabber）」といった後、彼らは枝を頭の周りで振り回し、「カム・ア・サンガ・カム・ア・サンガ（Cum-a-thunga, cum-a-thunga)」と叫び声を上げはじめた。もちろん、こうした彼らのおどけた仕草がどういう意味なのかわからなかったが、我々がこの土地で歓迎されていると推測し、彼らのおどけた仕草を非常に喜んで、「カム・ア・サンガ」という言葉を非常に喜んでいるという意味で理解した。我々が非常に喜んでいる様子を見た彼らは、3、4人が水に飛び込み、川を渡りながら、何度も「カム・ア・サンガ」を繰り返したため、「カム・ア・サンガ」と叫ぶときの声がほとんどかすれていたほどである。(3)

アボリジナルの人々が自分たちの土地を喜んで手放したと自分自身や植民地行政の役人を納得させるのには相当苦労した。

その後の数日間、2人の若い入植者は、河川全体に建設された相当な数の堰を観察し、誰がそれらを建設したのかを推測した。彼らはその地域で最初のヨーロッパ人だったため、おそらくその黒人（blacks）によって建てられたとしぶしぶ認めた。

その後、人々がカヌーや糸、網を使って釣りをしているのを目撃し、堰の目的が次第に明らかになった。必要に応じて魚を誘導するために、水路を通した大きな土塁の後ろの小川をせき止めて作られたものであった。ある日、カービーは一つの堰のそばに男がいるのに気づきこう書いている。

黒人（black）は開口部の近くに座って、すぐ後ろに10フィート〔3メートル〕の長さの頑丈な棒が太い方を下にして刺さっていた。この棒の細い端には、もう一方の端に輪が付いた糸が付いていた。囲いの開口部の水中に木の杭が固定され、そこにこの輪がかけられていた。魚が突進して、通りぬけようとすると、えらが引っ掛かり、その力で杭から輪がはずれ、棒のバネによって黒人（black）の頭の上に魚が飛んできた。彼は怠惰な様子で背後に手を伸ばし、魚を外し、杭の周りにまた輪をかけた。(4)

カービーはこういった作業をどのように解釈したのであろうか。こんなにも詳細に工程を説明し、効率がいいことを認識しているかのように見えたが、カービーは次のように記述する。「黒人（blacks）の怠惰さについてよく耳にしていたが、怠惰な方法である黒人（black fellow）が魚を捕まえるのを見て、すぐに私が聞いたことがまったく正しかったという結論に達した(5)」。

カービーがこの未開の地で発見しようとしていたものについての彼の先入観は非常に強く、この詳細な観察は彼の偏見によって歪められた。彼が目撃した作業は、実は独創的な工学技術であったのだ。

ピーター・ベバリッジはアボリジナルの人々との経験について本を書いたが、そのなかには彼とカービーの偏見に満ちた記述がなされている。(6) 彼の本の内容はワティ・ワティ・クラン（Wati Wati clan）集団についての我々の知識にとって重要であり、彼が提供した言葉のリストはもっとも意義深いものであったが、それにもかかわらず、彼は軽蔑をあらわにしている。彼は年老いた女性を醜い老婆と呼び、頻繁にワティ・ワティを野蛮人（savages）と言及している。そしてワティ・ワティの社会構造を成す半族［モイエティ］やトーテム［信仰］の制度を完全に無視していたようだ。

この地域の現代史は、ベバリッジの羊を殺した黒人（blacks）についての争いの後、ピーターの兄弟アンドリュー（Andrew）がワティ・ワティによって殺されたとしているが、この出来事についてのカービーの説明は、その殺害の本当の動機について驚くべき洞察を与えている。

重武装した戦士たちが［牛放牧地である］ステーションの前に進み出て、ほかのヨーロッパ人には目もくれず、アンドリュー・ベバリッジを見つけると、この男性が自分たちの集団の女性たちに暴力を振るっていたと主張し、彼は周りから引き離され、槍で突かれ体は象徴的な赤土で塗りたくられた。(7)

ベバリッジ家の居留地ティンティンデール（Tyntynder）でこの問題が起こった後、植民地における非常にありふれたパターンが続いた。それは最初は受け入れ、猜疑心が募り、ヨーロッパ人が彼らに祖先の土地の使用を拒絶したために怒りが強まる、というものである。

カービーはこの戦いの出来事を面白みをもって語っているが、殺害については婉曲的な表現で覆い隠している。

> 黒人（blacks）は湖に飛び込んだが、湖岸はゆるい坂になっており、彼らが泳いだり潜ったりできる程深くないため、我々は簡単に彼らを狙うことができた。連中の多くは二度と小屋に近寄らなかったし、人や牛を殺そうとしなかった。いや殺さなかった！　彼らはこの後非常に静かになった。……たとえば、ロバート卿（Sir Robert：ワティ・ワティの男性）はこの後誰も殺していないが、彼も死んだのかもしれない。[8]

　カービーの強調した言葉は、残忍な歓喜を暗示している。

　彼の語りは次のように続く。「戦争の開始だった。もし彼らが無防備な我々を捕まえたら、我々を殺すだろうし、次に我々が（彼らを捕まえたら）、どうしようが我々の自由だ[9]」。カービーが使う言葉は婉曲的かもしれないが、その真相は明らかだ。ティンティンデールの地では、ワティ・ワティとの争いが起き、この時点では、この地域のアボリジナルによって殺されたヨーロッパ人がたった一人だったという事実である。……それはアボリジナル女性を性的に虐待したことが理由であった。

　カービーとベバリッジが、ワティ・ワティの叫び「カム・ア・サンガ」を自分たちの土地を使用してくれという誘い文句だと解釈することにしたとき、そうした解釈が植民地の未開拓の土地における典型的なあらゆる暴力、苦痛、苦難のはじまりとなった。いわゆる、土地争いであり、どちらも撤退しなかった。

引退後にフレンチ島（French Island）で編纂した辞書で、ピーター・ベバリッジは、彼が最初に聞いたアボリジナルの言葉を定義しなかったが、ほかの研究の検証やワティ・ワティと近隣のウェンバ・ウェンバ（Wemba Wemba）が使う言語の言語学者との議論によって、「カム・マル・カ・タ・カ」（cum.mar.ca.ta.ca）というフレーズの意味が明らかになった。それはアボリジナル主任保護官ジョージ・オーガスタス・ロビンソン（George Augustus Robinson）によって記録されたものだが、この人は、言語と文化情報を記録した数少ない研究者の一人であった。それはおそらく「起き上がって出て行け」という意味であった。ベバリッジが認めるような、強い力が込められた叫びであり、土地を持っていけという招待を表す言葉ではありえなかった。

また、ベバリッジが聞いた言葉のなかには、「カルメル（karmer）」という言葉が含まれている可能性が高い。これは長い葦の槍を意味し、強く強調する動詞の接辞「ウンガ（ungga）」、さらに複数の一人称代名詞私たち（we）の「アングル（angurr）」と結合すると、「カルメル・ウンガ（karmer ungga）」となり「あなたを槍で突く（We will spear you）」と訳される。

いずれにしても、ベバリッジはワティ・ワティの最初のフレーズを辞書に載せないことにした。おそらく本当の意味を知り、それを覚えたくなかったのだろう。

カービーとベバリッジは自分たちを欺いたばかりでなく、土地を手に入れた手段を隠蔽するために私たちをもだました。その土地を手に入れたいという思いによって、ワティ・ワティがその土地を占有していたことを黙殺していた。経済の存在を否定し、ワティ・ワティの土地に対する権利を否定し、今日のオーストラリアの合法性を主張するための核心となる口実をでっち上げたのである。

エリック・ロールズ（Eric Rolls）は叙事詩『百万エーカーの荒野（*A Million Wild Acres*）』のなかで、ハンター・ピラガ地方（Hunter-Pillaga）の草原での羊による自然環境の破壊について描いた。ロールズはこの地に住む情熱的な男で、オーストラリア人の農民による土壌と水の乱用について記録した。アボリジナルの人々が追い出され、村が破壊された後、先住民が異文化に触れる前の経済の基礎となっていた土壌が、同じように急速に劣化したことに彼は気づいた。

わずか数年の間に、羊が耕作地の草を食い尽くし、軽しょう土を圧縮したために、生産性が驚くほど低下したことに農民は気づいた。「オーストラリアでは何千年もの間で培った草と土壌がわずか数年で変化した。スポンジ状の土が硬くなり、水の流出が加速し、別の草が優勢になってきた」[10]。慎重に管理することで生み出された肥沃な土地は、数回季節が変わるだけで破壊された。ビクトリアの青々としたヤム・イモ（lush yam）の牧草地は、羊の群れが草を食べはじめるとまもなく、姿を消した。

英国の牧畜業者たちは、最初に入国したときに絶賛していた土壌の肥沃さは、手厚い手入れの賜物だということを知るわけもなかった。そして文化的な近視眼的思考によって、この国の自然が変化してもその荒廃の原因として自分たちの農業形態を責めることはなかった。

生産性の最盛期には、オーストラリアは大規模な人口を支え、天然痘の蔓延と戦争がアボリジナルの人口を激減させた後でも、５００人が１８８５年のブレワリナ（Brewarrina）での最後の式典に出席した。人口の悲惨なほどの減少にもかかわらず、この時期にオーストラリアのいたるところで同じような大規模集会の開催が報告されている。

植民地期のオーストラリアは、アボリジナルの高度な社会と経済を忘れようとした。この忘却は、全地域で人口が激減した後にやってきた入植者たちが、風よけよりも実質的な構造の建物を見つけることができず、屈辱を受け、基盤を失い、病気にかかっている人ばかりだということを発見したときに定着した。これは、前述の直接体験による報告で明らかなように、村は焼かれ、ほかの建物に使おうと家屋の基礎は盗まれ、土地の居住者は戦争、殺害、病気で亡くなり、そして国が奪われたことを考えれば理解できる。１８６０年以降、ほとんどの人々がそれ以前の複雑な文明の証拠を見ていないのも不思議ではない。

さらに、アボリジナルの貯蔵装置に使われていた材料は腐りやすい性質のため、考古学者が発見することはできず、戦争のすさまじさのために、そのような大量の食糧は二度と集められなくなった。収穫に従事するアボリジナルに対する入植者の攻撃は、戦争の手段としては過小評価されている。耕作地が羊や牛によってなぎ倒され、その土地の人々が作物を保護し利用することが妨げられたため、栄養と士気が低下した。殺人ほどではないが、敵を弱体化させるのにこれ以上の方法はなかった。

考古学者のピーター・ホワイト（Peter White）の「農業――オーストラリアは傍観者だったのか？（Agriculture: was Australia a bystander?）」では、病気による人口の減少と、羊飼いの前を歩いていた羊の到来によって、農耕と作物栽培が存在した証拠が消し去られたと述べている。そのため、もっとも初期の探検家と入植者が記録した証拠が、異文化との接触前のアボリジナル経済を理解する上で非常に重要なものになっている。

1

農耕

オーストラリアのアボリジナルの人々に関連して「農耕」(agriculture)という言葉を使うことを、多くのオーストラリア人は聞いたことがないだろう。しかし、この国のヨーロッパ人による占領に関する最初の記録に遡ると、オーストラリアの探検家や開拓者が目撃したことの全容、そしてアボリジナルの人々はただ狩猟採集をしていたにすぎないとする考えを否定するような驚くべき観察結果を見いだすことができる。

ヨーロッパ人が人類における時代と世界の分類をはじめたとき、彼らは農耕の発展を表すものとして五つの活動を提示した。すなわち、種子の選別、土壌の準備、作物の収穫、余剰作物の貯蔵、大規模な人口のための恒久的な住居の建設である。(1)

ルパート・ゲェリッツェン(Rupert Gerritsen)は、初期農耕の前提条件についてのさまざまな学説の概要を示したが、オーストラリアは初期段階をはるかに超えていたのではないかと結論づけた。「人々は1788年に農耕をしていたが、農民ではなかった」とビル・ガメージ(Bill Gammage)は述べ、さらに続けた。

これらは同じではない。一つは活動であり、もう一つはライフスタイルだ。用地には農場が含まれるかもしれないが、だからといって用地管理者はかならずしも農民ではない。……同様に、1788年には、人々は決して農耕に依存していなかった。移動性の方がはるかに重要であった。今日の農民にとっては不可能な地域で人々は植物や動物の世話をして、土地を奪った者よりも、オーストラリアを持続可能な方法で管理していた。そこが彼らと農民の決定的な違いであった。……ヨーロッパの人たちは農業が自分たちとアボリジナルの違いを説明すると考えている。それらの違いとその重大な結果を調査する方法があるはずだ。(2)

私たちはもっと知る必要がある。もっと多くの人に知ってもらう必要がある。そこで、最初のヨーロッパ人が何を見たのか、もう一度振り返ってみよう。

――＊――

探検家で測量技師のトーマス・ミッチェル少佐（Major Thomas Mitchell：1792–1855）の隣に乗っていると想像してほしい。彼は教養があり繊細な男で、少し変わっているかもしれないが、素晴らしい同伴者である。彼は偉大なブッシュマン［叢林地の居住者］であり、詩人であり、画家でもあるが、同時に短気な人でもある。ある状況下では、彼は頑固で気難しく、相手の帽子に穴を開けることができただけではあったが、オーストラリアの最後の決闘で戦った人だと信じられている。

彼はオーストラリアの未開拓の地を横断するときに見たことを書いている。「草は引き抜かれて……干し草が束で積みあげられている、何もない土地は、心地よい干し草畑のような外観に変わっている。……我々は、干し草が積みあげられたものや、束になった干し草が何マイル［1マイルは約

1・6キロメートル」も続いているのを見つけた」(3)。

さらに続けてこう書いている。

種子は原住民（natives）によってペーストやパンにされ、種子を集めるためにわざわざ刈られた草を積みあげた乾いた山が、何マイルも我々が通る道に沿って横たわっていた。私は川に沿って9マイル［14・4キロメートル］を数えたが、そこで我々はこの草の間だけを通った。草は馬上の鞍と腹帯に達し、少なくとも非常に開けた森を見渡す限り、同じ草が川から伸びてきているように見えた(4)。

チャールズ・スタート（Charles Sturt）も、南オーストラリアとクイーンズランドへの旅の途中、脱穀の準備として穀物を積みあげるというシステムに気づいている。同じように重要なことに、彼は大きく頑丈に建てられた家屋に出くわした頻度についても述べた。

ミッチェルも村の大きさに驚いた様子を記録している。彼は以下のことに気がついた。

小屋は、大きくて、丸く、まっすぐな棒が中央の直立した棒に交わるようにできており、外側は最初に樹皮と草で覆われ、全体が粘土で覆われていた。火はほぼ中央で焚かれている様に見えた。天井に煙突用の穴が残されていた(5)。

彼は家屋の数を数え、人口を1000人以上と見積もっている。彼は誰も家屋にいないことに失望した。彼らが去ったばかりであることは明らかであり、彼らが非常に長い間その場所を利用してきた証拠はいたるところにあった。

ミッチェルの一行の一人は、建物は「非常に大きく、1戸が少なくとも40人を収容でき、非常に優れた構造だった」と述べている。(6)

もしあなたが1839年に西オーストラリアで探検家のジョージ・グレイ（George Grey）と一緒にいたとしたら、一緒にいてよかったのか疑問に思ったかもしれない。グレイは、少年時代に英国探検家にあこがれた程度で、未開の土地での生活の経験がなかった。キンバリー（Kimberley）での冒険は大失敗だった。任務に不向きなデザインの鯨漁船に重量オーバーで乗ったが、船はガンソーム湾（Gantheaume Bay）の浜辺で難破し、一行は残りの距離をパースまで歩かなければならなかった。

ありがたいことに、グレイは頻繁に日記をつけており、苦境にあいながらも、見たものをすべて記録していた。彼はガスコイン川（Gascoyne River）の上に村を見つけて驚いた。そこでの家屋は、「大型の丸太で作られていて、非常に背が高く、全体的に南西海岸の原住民（natives）が作ったものだということが非常にはっきりわかった。(7)

さらに彼が驚いたのは、開墾されたように見える土地を発見したときであった。彼はこう書いている。

前日に途中で進むのをやめた原住民（native）の道に入ったが、道はすっかり広くなり、よく踏み固められてあり、長い間そこにあるような雰囲気で、大陸の南部で見たものとはまったく違っていた。そして、我々が原住民（native）の曲がりくねった道に沿って進むうちに、私の驚きは増していった。道は幅も踏み固められたような外観も増してくる。脇には井戸が点在しており、なかには深さが10～12フィート［3～4メートル］のものもあった。すべてが優れた方法で掘られていた。小川の乾いた川床を横切って、軽しょう土の上に出ると、ワラン・プラント（*Dioscorea hastifolia*）［ヤム・イモ］であふれていた。この植物の根は原住民（natives）が好む食物である。旅の途中でこの植物を見たのはこれが初めてだったが、3マイル半［5・6キロメートル］にわたり、土地を横切り、原住民（natives）がこのヤム・イモの根を掘ったことにより、文字通り穴だらけになっていた。実際、そのためにそこを横切るのは困難だったが、東西に見渡す限り広がっていた。今になって明らかになったことは、我々がそれまで見たことのないほど、オーストラリアでもっとも人口の密集した地域に入ったことは明らかだった。自分が考えていた未開人（uncivilized man）が達成できる力以上の肉体労働によって土のなかから食糧を確保するために、さらに努力が払われていた。低い石灰岩の区域を横断した後、同じように肥沃なワランの畑に出くわした……そして（翌日）、二つの原住民の村、あるいは、彼らが呼んでいたように、町を通り過ぎた。町に建てられた小屋は南部の地区のものとは違っていて、外側は粘土と芝の塊でとてもきれいに覆われていた。そのた

Native women getting Yam bourn roots.
27 Aug 1835

ビクトリア州インデンテッド・ヘッドのヤム・イモ掘り、1835年。ヤム・イモは先住民の主食だった。（J・H・ウェッジ）

め、今は人が住んでいないにもかかわらず、明らかに定住地を意図したものだった。(8)

メルボルンおよびビクトリア州の植民地の創設者の一人ジョン・バットマン（John Batman）が、彼の部下の一人であるアンドリュー・トッド（Andrew Todd）を店の警備に置いて、ビクトリアのインデンテッド・ヘッド（Indented Head）に最初に上陸した１８３５年6月、トッドは地元のワチャロン（Wathaurong）の人々と話したりスケッチをしながらのんびりと過ごした。

スケッチの一つは、女性たちが列を作ってヤム・ヒナギク、別名マーノング（Murnong、*Microseris laceolata*）の塊茎を掘っているところで、これはワチャロンの主食の小さなサツマイモである。女性たちが働いていた場所は完璧なまでに整備されていたが、それは作物の収穫の効率を上げるためであった。

１８４１年、ポート・フィリップ地区のアボリジナル

手のひらに載せたヤム・イモと三世代のヤム・イモ。（ヴィッキー・シュクログロ）

主任保護官（1839年〜49年）ジョージ・オーガスタス・ロビンソン（George Augustus Robinson）は次のように記録している。

原住民（native）の女性たちは見渡す限り平野に散らばり、マーノング（Murnong、ヤム・ヒナギク）、ここの集団の言葉ではパンニン（Pannin）を収穫していた。私の保護下でなければ、彼女らには許されない特権であった。彼女らが帰ろうとするとき、持っていた袋や駕籠を調べると、それぞれが持てるだけ大量の荷物を持っていた。(9)

1836年、ミッチェルがビクトリア州のグランピアンズ（Grampians）に到着したとき、「広大な坂が広がり……マーノングで一面黄色になって」おり「原住民（natives）は全体に散らばって根茎を掘っていた」様子を目にした。(10) 最初の植民船団のキャプテン・ジョン・ハンター（Captain John Hunter）は

1788年シドニー周辺の人々がヤム・イモ畑に依存していると報告した。[11]「ここの原住民(natives)は、主に地中から掘りだす根茎を主食としているようだ。この低い土手は、まるで豚の大群がそこに住んでいるかのように、掘り返されているのが見えた」。

1836年、ビクトリア州サンベリー(Sunbury)では、アイザック・バティ(Isaac Batey)やエドワード・ペイジ(Edward Page)を含む入植者たちが、先住民が自分たちの庭で長期にわたり非常によく働いており、その過程で大きな土塁ができたと観察していた。しかし、この土地管理についての考察はおこなわなかったため、わずか数年後には、ヨーロッパ人はこの傑出した棚畑で誰が何を作っていたのかいうことができなくなっていた。

この最後の観察は、よく考え抜かれた農耕技術の証となるもので、現代の農民なら誰もが優れた土壌管理と認めるであろう。探検家や入植者がこの国のさまざまな場所でこのような活動を見たと報告していることから、それが孤立した技術ではなかったことがわかる。耕作はアボリジナルの土地利用の特徴であった。[12]

チャールズ・シーヴライト(Charles Sievwright)は、ポート・フィリップ地区のアボリジナル准保護官(1839年〜42年)で、この地がビクトリア州の植民地となる前に、彼のケイランベッド湖保護領(Lake Keilambete Protectorate)に集住させられたアボリジナルの人々にヨーロッパの農業理論を導入することを決定した。人々は英国式耕うん技術を一瞥し、直ちに斜面の土を掘り起こし、大きな土塊をすべて砕いた。彼らは何千年もの間この土地を耕作してきて、浸食によって土地が破壊されることはなかった。

同様に、ロビンソンはニューサウスウェールズ州のパンブラ（Pambula）近くのマンビュラー渓谷（Mumbuller Valley）に入ったとき、地元の長老であるヨウ・エ・ゲ（Yow.e.ge）から、そのあたりの土地はすべて彼の農場であると知らされた。このユイン（Yuin）の男性は、集団が食糧を製造する場所の名前をヨーロッパ人が何と呼んでいるか知っていたのである。この話からもわかるように、この男性は、ロビンソンに自分たちも耕作者であることを印象づけようとしていたことを示唆している。

入植者アイザック・バティは、ヤム・ヒナギクが姿を消したことについてコメントした際、大量に塊茎を収穫して洗っていた女性たちのことを回想している。しかし、1846年に到着した直後、彼は次のように記している。

> 著者が育った地域ではかつては豊富だったが完全に絶滅しており、1909年には探しても一つの例も見つけることがなかっただろう……ほかの場所では、家畜が作物を食べてしまったことがほのめかされたが、家畜が絶えず踏みつけ土壌が硬化しているという、別の要因もあった。その証拠に、エドワード・ペイジ氏はこういっている。「最初にここに来たとき、私は菜園をはじめた。土壌は灰のように掘り返せた」。樹木や低木といえるものはなく、土壌は非常に深くまで褐色のローム層だったと、付け加える必要があろう。(13)

モナッシュ大学の生物化学部の著名な民族植物学者であるベス・ゴット（Beth Gott）博士は、植民地化の前にアボリジナルが食べ、利用していた植物を集めた庭園をモナッシュ大学の敷地に設置している。ゴット博士は「南オーストラリアのアボリジニーズによる根茎利用の生態（Ecology of Root Use by the Aborigines of Southern Australia）」において、体系的に繰り返される耕うん工程がもたらす効果は、土壌を通気し、種子を発芽させ根を浸透させるために土壌を緩め、灰分と堆肥物質を植物に取り込んだと説明する。博士はそれが「一種の自然菜園と見なされる農耕／園芸に酷似させた」ものであると述べた。(14)

考古学者のデビッド・フランケル（David Frankel）名誉教授は、バティの初期の観察を次のように引用している。

（傾斜した尾根の）土壌は玄武岩質粘土に富んでおり、明らかにヤム・イモ（murnongs, *Microseris lanceolata*）の栽培に適している。その場所には短い間隔をおいて盛り土が多数できており、これらはすべて尾根の斜面に直角に位置していることから、長い年月をかけて人間の手によって作られたものであるという決定的な証拠である。もっともふさわしい言葉を使うならば、この土が根こそぎ破壊されたのは、予想外のガーデニングだったが、ヤム・イモを探して土を掘り起こしていれば、その食糧供給の形態を減じることなく収穫を増やすことができるということをアボリジナルが知っていたと仮定するのは妥当なことだ。１８４６年に到着して以降、ヤム・イモ掘りは知られていなかった。というのは、一見したところ、家畜がそうして栽培された食物を食べ尽くしてしまっていたからである。[15]

ここでは、台地構造について説明する。その特徴が非常に明白であったため、バティはこの構造が100年も持ちこたえるだろうと確信していた。

この土壌の独特な土質ともろさは、入植の最初の数年間に多くの入植者によって報告されている。ビクトリア州西部のコーラック（Colac）地方のカンガルー・グラス（kangaroo grass）［イネ科の多年草］はとても背が高く、最初の入植者であるG・T・ロイド（G. T. Lloyd）の家畜の群れが隠れるほどであった。ラン、ユリ、コケが穀物の間で花開いていた。「地面はとても分厚いコケや地衣類で覆われて保護されており、どんなに早く馬で横切っても、『農民』のゆったりした駆け足を追い抜くことは困難であった」[16]。ロイドは、自分の馬がまるでスポンジに沈むように土に足をとられたといっている。「移住者が駆り立てた草食動物の羊、ヤギ、豚、牛の小さくて鋭い爪と歯で猛攻撃を受け、地表の覆いは破壊され水分が不足した」[17]。土が一旦硬くなると、雨は固くなった地表を流れ、川の水はアボリジナルの人々がかつて見たことがない程までにあふれでていた。これにより、この地域およびほかの地域の土壌の管理について新しい問題が生まれた。

植民地でのこのような報告が続き、ゴット博士は自分で実験をしようという気になった。[18] ノディング・グリーンフード（Nodding greenhood/*Pterstylis nutans*）［頭巾ラン］は、アボリジナルの人々にとってもう一つの重要な塊茎の食糧源であり、その収穫によって、灰や堆肥を地表の内側に取り込むばかりでなく、絶えず土壌をかく乱することになっていたのだろう。ゴット博士は、グリーンフードの収穫後、収穫前の土の密度の75パーセントが14か月以内に回復することを発見した。2～3年かけて周期的な組み合わせで収穫すると、供給量は減少せず、代わりに肥沃になり、収穫量が増加する。

これらの管理手法は変則的な植生分布をもたらした。ビル・ガメージ（Bill Gammage）が『地球上でもっとも広大な用地（*The Biggest Estate on Earth*）』のなかで説明したように、ヨーロッパからの入植者たちは、オーストラリアの最高の土壌にはほとんど木がないことを知って驚いた。

アボリジナルの農民たちは、土地を更地にするために火を使い、その土地を樹木帯で慎重に分割していた。現代の農民と同じように、アボリジナルも貧しい土地に森を残し、最良の土地を開墾して牧草地や農地を作った。ガメージは初期の入植者の記憶を次のように引用している。

> 沖積地を除けば、良質の木材は良質の土地でほとんど見つかることはない。内陸の肥沃な平原にはそれはまったくない……（シドニー周辺で）最高の森林地帯であっても、常に木がもっとも少ない。そして一般的には、最良の土地とは樹木による負担がもっとも少ないことがわかるだろう。[19]

オーストラリアの土壌を彼らがどのように管理していたかについてはまだわからないことが多い

が、探検家の日誌によると、植民地の開拓者はアボリジナルの方法を無視したため、その結果として起こったことに、現在のオーストラリア人は今も苦しんでいるとのことである。

アボリジナルの土地管理の方法は、実用的なだけでなく、美的観点からも満足のいくものだった。ミッチェルはその国の美しさに気づいたものの、それは偶然の賜物だと考えていた。「我々は木々が点在した美しい平原を横切った。その光景は輝くような緑に覆われ、『自然がうっかり急ぎ、落葉していた』とはいえ木々で装飾され、この国に広大な公園の外観を与えた」[20]。

ミッチェルは、中央クイーンズランドのベルヤンド川（Belyando River）から、もっと実用的な表現で次のように報告している。

我々は原住民（natives）によって広範囲にわたって掘り起こされ土塊が現れている乾いた沼地のところどころを横切った……これらの土塊はとても大きくて硬く、この道を通るには、我々はそれらを脇によけて、馬車のために道を空けなければならなかった。全体が鍬で割られた地面のようだった……我々が横切った場所は2エーカー［81アール］ほどもあったが、似たような状態の地面が遠くのほかの場所にもあった[21]。

ニュー・サウス・ウェールズ州のハンター川（Hunter River）の近くで、ミッチェルはこの土地に奇妙な溝のあるのに気づき、なぜなのか原因を思案した[22]。『百万エーカーの荒野のなかで（*In A Mil-*

lion Wild Acres)』で、ロールズは、この地域の入植者と測量家が「丘は公園のように見え、庭が広がっている」と話していたことに注目した。ほかの人は、「鍬を入れた土地」としても見ていた。(23)

ウィリアム・ハウイット（William Howitt）は、土地の魅力的な特徴についてこう報告していた。「堆積物や盛り土は、まるでチェス盤の目と同じくらい規則的に配置されている。しかしこの言い方は正確ではない。それは、盛り土の間を通れるように列を成してはいないからだ。そばにあるすべての穴の横には盛り土がある」。(24) ハウイットはそれが何であるかを説明せず、作業中の自然現象に起因しているとしている。彼は、アボリジナルの力では不可能であるという意見である。しかし、広範な耕作に関するほかの観察に照らして考えると、おそらくこれらは耕うん技術のもう一つの例であろう。

今日、ヤム・イモは事実上、この地から姿を消したが、この塊茎の大きな畑の跡がニューサウスウェールズ州のデリゲート（Delegate）近くのバンディアン・ウェイ（Bundian Way）沿いで発見された。偶然にも、羊がそこで放牧されたことはなく、過リン酸塩が撒かれたこともなかったため、伝統的なアボリジナルの人々が塊茎を栽培したのと同じような条件でヤム・イモを研究することができる。この作物はニューサウスウェールズ州のアボリジナル集団ドゥルガ（Dhurga）にとって非常に重要であったため、彼らはそのために自分たちのことをこの名前で呼んだ。ビクトリア州のポート・キャンベル（Port Campbell）近郊では、もう一つの広大な畑が発見された。つまり、探しはじめると見つかるのである。

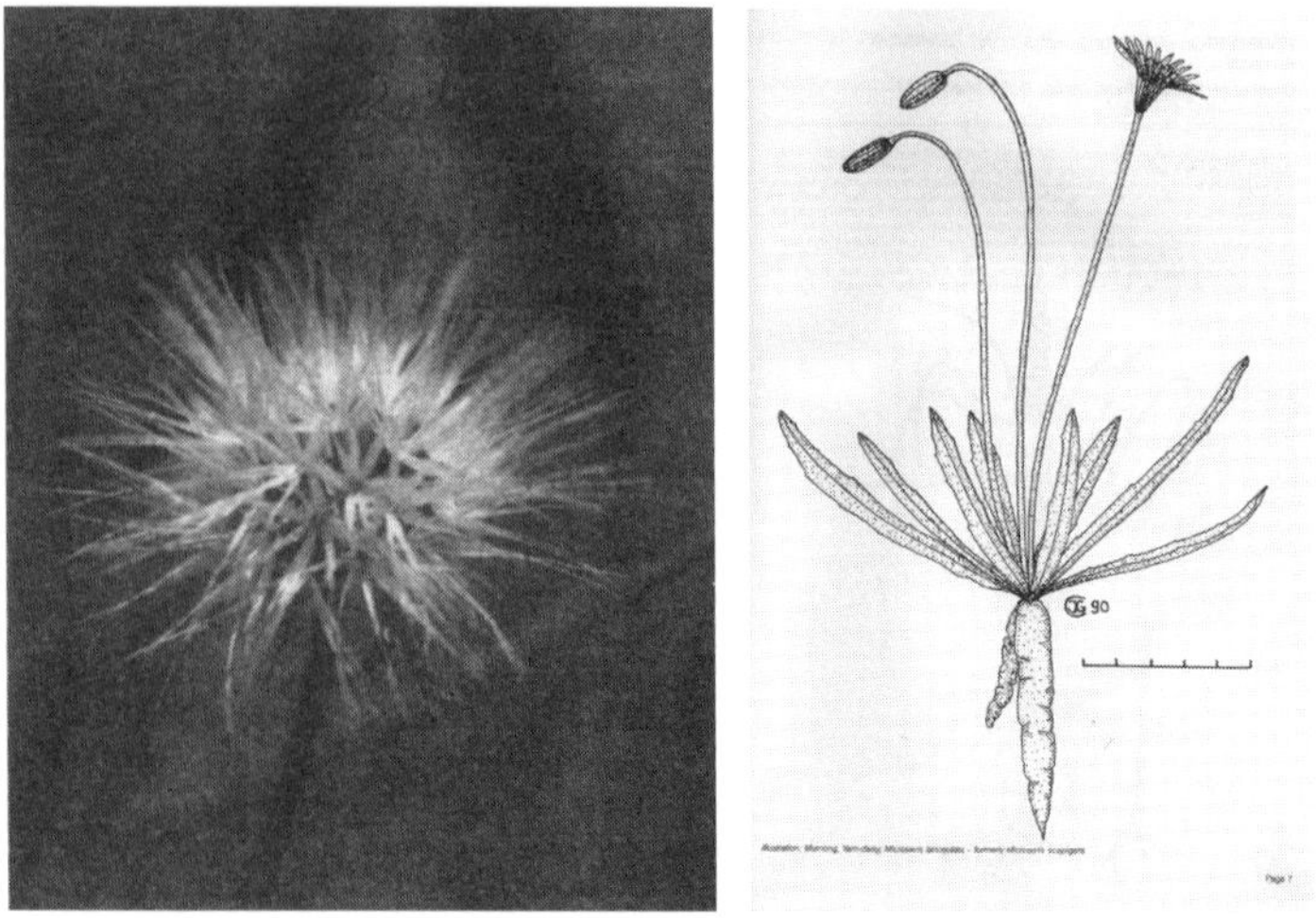

左：マーノング（ヤム・ヒナギク）の種の頭。（ベス・ゴット）　右：ヤム・イモと塊茎の絵。（ジョン・コンラン）

ヤム・イモは植民地期以前のアボリジナルのオーストラリア経済において重要な植物であったが、この繁殖力のある塊茎を調査した者はほとんどいなかった。たしかに私たちはもはやこのような価値ある植物や、これが提供する商業的な機会を無視することはできない。

　したがって、ベス・ゴット（Beth Gott）の研究によって奨励されて、東ギプスランド（East Gippsland）とニューサウスウェールズ州南岸のアボリジナル・コミュニティが、ヤム・イモ栽培の実験をおこなっていることは心強い。異なる土壌および異なる管理方式の下で七つの小区画を作り、その結果の科学的な分析が進んでいる。

穀物

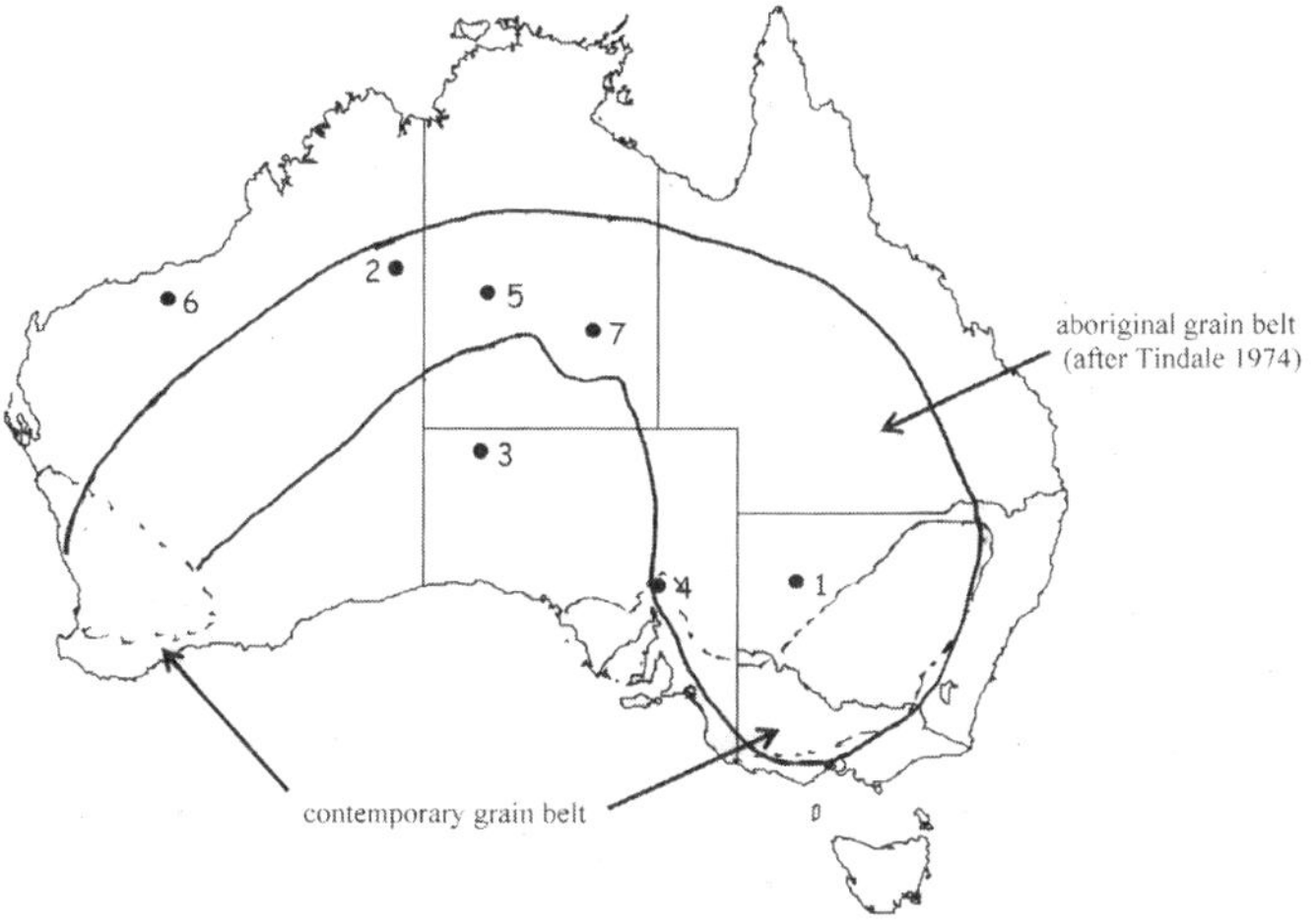

アボリジナルの穀物ベルト
アボリジナルの穀物収穫マップはノーマン・ティンデール（1974）がまとめた調査*にもとづいており、現在のオーストラリアの穀物地帯と比較した収穫の範囲を示している。
1. アレン（1974）*、2. ケイン（1989）、3. クリーランドとジョンソン（1936）、4. クリーランドとジョンソン（1939a）、5. クリーランドとジョンソン（1939b）、6. マジョーレ（1985）、7. オコネル（1983）

ヨーロッパからの移住者の多くは、アボリジナルに農業経済があった証拠を認めない方が好都合だとはいえ、自分たちが受けた印象を記録している者もいた。どういう環境がこの「紳士の公園」（gentleman's park）を生み出したのか推測する者もいた。その土地の耕作の跡がわかる外観の記録は、初期の記録ではよく見られ、大陸全体に広がっている。これらの記録は、国内のすべての地域からの穀物収穫の記載を根気強く継続していた。これによりノーマン・ティンデール（Norman Tindale）は、先住民の穀物地域を点で示すことができ、地方産業研究開発公社（Rural Industries Research and Development Corporation）は地図を作成することができた。

沿岸の降水量が多い地域以外では主食として穀物が好まれたが、湿地帯ではヤム・イモの生産が優勢であった。

これらの地域で穀物を収穫する人々は彼らの方法がアイデンティティの中心であると考えていたために自分たちのことを「パナラ」（panara）または同様の言葉を使って「草食の民」（grass people）と言及していたことをティンデールは発見した。

現代の研究者で民族誌学者でもあるR・G・キンバー（R. G. Kimber）は、オーストラリア中部のアボリジナルがこの地域全体で種子の繁殖、灌漑、収穫、貯蔵およびこの地区全体での種子の貿易に従事していることを観察した人から集めた膨大な証拠を編集した。キンバーの情報提供者のなかには、ブッシュマン［森の居住者］でありラクダ追いのウォルター・スミス（Walter Smith）がいた。ウェールズとアボリジナル集団アラバナ（Arabana）から受け継いだ遺産を誇りに思っていたスミスは、種子が手で散布され、土で軽く覆われ、灌漑される様子をキンバーに語った。


彼らはそこで少量を放り投げた［好きな場所に］。それほど多くはなかった。わかるだろう？　手に一杯もなかった。少しばかり、［放り投げる感じで］広げる。――そこに種を一つ、そこに種を一つと。もちろん、ゴミも混じっていたが、あまり多くはなかった。そして、最初に雨が降るとすぐに……それは成長した。[25]

スミスは、自生していないほかの区域に種を持っていき、ほかの商品と交換したり、単純にお礼の贈り物として与える方法について説明している。

農耕の知識が非常に進んでいたので、種子は文化的品目として取引された。[26] 数人の探検家や解説者が、小さな封印された包みに入れた穀物が遠い所にいる親戚と取引されているのを目撃している。このような広い地域における長期間の種子の選別と取引が、穀物やほかのアボリジナルの食糧源の形態を徐々に変化させ、農学者が栽培化の結果であると認めるまでに品質の高い農耕を生み出した。

パン作りの技術は種子収穫とともに発展した。オーストラリアン博物館のリチャード・フラガー（Richard Fullagar）とニューサウスウェールズ大学のジュディス・フィールド（Judith Field）は、3万年以上前に種を挽くのに使われていた砥石を、ニューサウスウェールズ州西部のウォルゲット（Walgett）近くのカディー・スプリングス（Cuddie Springs）で発見した。これにより、ここにいた人々は紀元前1万7000年までパンを焼いていなかった世界で2番目に早いエジプト人のほぼ1万5000年前にパンを焼いていた世界最古のパン職人だったことになる。[27] デンプンを抽出するために塊茎を掘り起こす人もいたが、アボリジナルの人々は草の種から作った粉からパンを焼く錬金術を最初に発見したようだ。

このパン焼きは1回限りのものではない。考古学者たちは、ノーザンテリトリーの遠く離れたカカドゥ（Kakadu）で、2万5000年前の砥石を発見した。つまり、彼・彼女らは古代のパン職人たちなのだ。なぜ私たちの心は驚きと誇りで満たされないのであろうか？[28]

1910年頃クイーンズランド州のビドゥリー（Bidourie）近郊のムーラベリー（Mooraberry）にある父親の牛の放牧地でアボリジナルの人々とともに育ったアリス・ダンカン＝ケンプ（Alice Duncan-Kemp）は、カトゥーラ（Katoora）式典の説明をしている。

素晴らしく編まれた袋から、女性たち（gins）が種子の餌［肥料］を地面に撒き……カトゥーラや大麦若葉の種子は小さな丘に横たわり、すでに膨らみはじめていて、女性たち（gins）が水を繰り返しかけると「ウンジー・アール（wunjee aal）つまり通過儀礼と同じように（草を成長）させた」。[29]

探検家のハミルトン・ヒューム（Hamilton Hume）はロビンソンとの砕けた会話のなかで、彼はキャプテン・チャールズ・スタート（Captain Charles Sturt：1795～1869）の探検隊に参加したことがあり、「ダーリング川で原住民（natives）は野生のオート麦（wild oats：丸い穀物）から穀物を集め、二つの石の間でそれをすり潰しペーストを作って食べ、同じことが北方の原住民（natives）によってもおこなわれている」と述べた。[30]

探検家たちの嫉妬の典型的な例として、スタートは「ミッチェルはこれについて何もいわず、彼らの習慣についてほとんど知らない」[31]といったが、すべての茎が切られた刈り株の広場で何マイルも広がっている干し草の山をミッチェルが見たとき、彼が「鳥や動物をおびき寄せる目的で、草の山がここに引っ張られたのか」と思ったことは事実だ。[32]

１８４５年にスタートが、トレンズ湖（Lake Torrens）の近くで収穫されたパニカム・レビノデ（*Panicum laevinode*）［キビの一種］を初めて見たとき、彼はそれが乾燥させ熟すのを待つために川の傾斜した土手に広げてあったのを見つけた。スタートと仲間たちが生きるために必死でもがいていたとき、その土地の人々が収穫に従事していたことは重要である。「日中の暑さはすさまじかった……足をあぶみに入れておくことができず、馬は大汗をかいた」[33]。一行の一人、プール（Poole）は暑さと壊血病にひどく苦しみ、筋肉が硬直し、口蓋がくずれ落ちた。彼は基地に送り返されたが途中で息絶えてしまった。

この極度の暑さと乾燥の地で、アボリジナルの住民は快適な家屋を建て、当面の必要量以上にありあまる穀物を生産していた。これは重要な社会的・経済的成果だ。余剰食糧生産は定住型農耕の認知された特徴の一つであるといえるからだ。

さらに北に行くと、「草原がどこまでも刈田のように広がっていて、この草は、この季節に原住民（natives）が生活の糧のために種を採集する草……原住民（natives）によって徹底的に刈り取られた大きく積みあげられたものが、干し草の山のように積みあげられているのが見えた」[34]。果てしない刈田？　干し草の山？　スタートは、この地域に居住しているとされる多数の人々に大量の余剰作物をもたらしたに違いない巨大な収穫を観察していた。彼の目の前にある証拠が何であれ、スタートは自然と「生活の糧」という言葉に行き着いた。

後の探検で、スタートの一行の一人であるブロック（Brock）は、エヴリン川（Evelyn Creek）の近くの土地の印象を次のように記録している。「それはまったく収穫後の畑のようだった。原住民（natives）の労働の痕跡が、藁の形で見つかった。彼らはそこから種を叩き出していた」[35]。

この一行は収穫された莫大な量の穀物について述べている。これはミッチェルがほかの地域で見たのと同じ草、パニカム・デコンポシチュウム（*Panicum decompositum*）であった。一般に大麦若葉またはは野生のキビと呼ばれ、地元のアボリジナルの人々にはクーリー（cooly）またはパーパー（par-par）として知られていた。事実、スタートが１８４５年に訪れたある地域ではパーピァー（Parpir）と呼ばれ、そしてスタートは彼らが広大で快適な草原を馬で走り抜けていたことを日誌に記録している。

スタートはまた、「この草原はキビ属といくつかの新しい種類の草からできている。一つは、古い茎から芽が出てくる。平原は本当に緑が多く、豊かな牧草地は質において比類なく、今まで見たことのないレベルであった」[36]とも記している。

ミッチェル、スタート、そのほかの人々は、オート麦の驚異的な成長と、彼らの家畜と馬がどれだけ餌を楽しみ、繁殖したかについて語っていた。今日、私たちはその草をカンガルー・グラスと呼び、それは国のほとんどすべての「未改良」(unimproved) 牧草地の中心的存在となっている。過去には、その種は先住の人々に恵みをもたらしていた。クーマ (Cooma) に住む現在のアボリジナル居住者は、彼らの馬が、パニカムの種を食べるために、ほかのすべての草の上を疾走するだろうと報告している。これらの草は莫大な農業潜在力を持っている。

もう一つの植物、クーパーズ・クローバー (*Trigonella sauvissima*) もまた、アボリジナルの人々によって栽培され、収穫されたが、この地に持ち込まれた家畜が好んで食べた。その植物の損失はアボリジナルの経済に深刻な影響を与えた。ミッチェルが最初にそれを目にしたのは、湖床であった。

このとき、それはもっとも豊かな深緑で覆われ、香りのする風は……景色の魅力を最大限にし、我々にとって新鮮であった。この香りがクローバーに似た植物から出ていることがすぐにわかった。これは前回の旅で野菜として非常に優れていることを知った。[37]

この食材を失ったためにアボリジナルの経済が崩壊した。というのは、オート麦、ヤム・イモ、ナルドゥなどと同様に、持ち込まれた家畜が、これらの植物ができる所はどこでもこれらに狙いを定めたからである。その結果、先住民は居住地と主要な生計手段の一つ、双方を失った。

入植者たちは、アボリジナルの人々がオーストラリアでもっとも豊かな地域であるこれらの場所に戻るのを防ぐのにやっきになった。しかし、あるウィメラ (Wimmera) の入植者は、3、4年の放牧の後で、「我々の草本植物の多くが消えはじめた……シルク・グラス（silk grass）［まぐさ用の草］が低木の道の端に現れはじめた……長く深い根を持つ草……は枯れてしまった」と述べている。[38]

ナルドゥ（*Marsilea drummondii*）［オーストラリアのクローバシダ］は、荒れ果てた地域で浅い湖の底で成長できるので、重要な植物であった。湖が干上がると、アボリジナルの人々が種子をすくい取って莫大な貯蔵物にし、それを粉に加工し、余った分は害虫を寄せ付けないさまざまな容器に保存しているのを探検家たちは観察した。ガイルズ（Giles）やアシュウィン（Ashwin）を含む多くの探検家たちは、これらの蓄えを略奪してようやく、困難な彼らの旅の道のりを生き延びることができた。

この穀物の収穫が支えていた人口が非常に大きいため、これを初めて耳にした多くの人は驚くだろう。ここは私たちの大砂漠であり、オーストラリアの死せる中心地である。これはそこが人間への敵意を表していると主張する私たちの神話に反している。詩人たちは、この空虚さがオーストラリア人にとっての心理的な指標であると称賛する。

つい最近では2013年10月に『オーストラリア・ジオグラフィック（*Australian Geographic*）』誌に掲載されたオーストラリアの砂漠に関する記事では、オーストラリアの地形の中心部における恐怖についての記述がある。しかし、そこではアボリジナルがその土地を使用していることにはまったく触れていない。遅くとも1875年には、ルイス（Lewis）がこれらの地域で350人を確認しており、500人以上を確認した者もいるというのにもかかわらず、だ。[39]

逸話に富んだ良い証拠を、オーストラリア人作家メアリー・ギルモア（Mary Gilmore）が示している。彼女は、ニューサウスウェールズ州のニューイングランド地方に最初に入植した人たちである彼女の家族について記録している。叔父たちは、カトゥーラ（Katoora：前にダンカン・ケンプによる記述を紹介した）に似た儀式ばかりでなく、ダム建設、灌漑、収穫などを思い起こしていた。

そして、バーク（Burke）とウィルズ（Wills）が餓死した小川で、探検家のマッキンレー（McKinlay）は「国全体が、丁寧に鋤を入れ、耕され、手入れされている」と指摘した。[40] このような記述は植民地期の初期の記録によく見られる。入植者は放牧をはじめるにあたり1本の木も切り倒す必要がなかった。しかしほとんど誰もが、これらの条件をアボリジナルの管理によるものだと信じていなかった。

ケイト・ラングロー・パーカー（Kate Langloh Parker）はニューサウスウェールズ州北部出身の作家で、アボリジナルの物語を記録した最初の一人である。彼女はこれらの収穫について１９０５年に、次のような非常に詳しい説明をしている。オーストラリアはすでに連邦化されていたが、ユワリアイ（Yuwaaliyaay）はまだ伝統的な方法で穀物を収穫していた。大麦若葉を刈って、枝を集めて作った囲いのなかに放りこんだ後、火をつけて連続的に火をかきたてたので、脱穀の前に穀物は茎から収穫場に落ちた。[41]

初期の入植者たちが、鍬のように見えるアボリジナルの道具を見つけたとき、オーストラリアに農耕は存在しないとして確信していた彼らは、そうした考えを却下した。偏見のない心でこの道具を見なければ、例外的なものと判断されるだろう。視点を数度だけ傾けると、眺めが変わってくる。

ロバート・エスリッジ（Robert Etheridge）は、シドニーのオーストラリアン博物館でニューサウスウェールズ州の地質調査に携わる古生物学者であったが、１８９４年に彼はこれらの「鍬」の使用について推測し、アボリジナルの人々は耕作についての知識がなかったという神話は偏見にもとづく誤りであると結論づけた。[42]

それ以来、これらの農機具についてはほとんど研究されておらず、アボリジナルの業績に関するオーストラリア人の前提からはずれている。解説者のなかには、ペニス崇拝の対象であると判断した者もいた。研究者たちは、アボリジナルの人々はあまりに発展が遅れていたので土地など耕せなく、したがって、石には男根的な意味がなければならなかったと推測した。オーストラリア人による研究は、さまざまな方法で最初の土地所有者を貶めてきた。

『ダーク・エミュー（*Dark Emu*）』（２０１４）の初版を読んだ後、ウィラジュリ（Wiradjuri）の若き芸術家で考古学者のジョナソン・ジョーンズ（Jonathon Jones）は、博物館に対し石器具のコレクションを調査することを求めた。そのなかで彼は何十もの農耕器具を見つけた。それらはとても大きくて重かったので、ツルハシや鋤のように脚の間で振り子のように使わなければならなかったのではと彼は推定した。バインディングのための接合部分に残された跡は、工具に直角に取っ手が付いていたことを示していた。この石は木や石の加工には使われておらず、土のなかでしか使われていなかった。これらの道具は、アボリジナルの農耕史を理解する上で非常に重要なものである。これらの農耕器具はこれまでほとんど研究されておらず、展示もされておらず、ほとんどのものがラベル

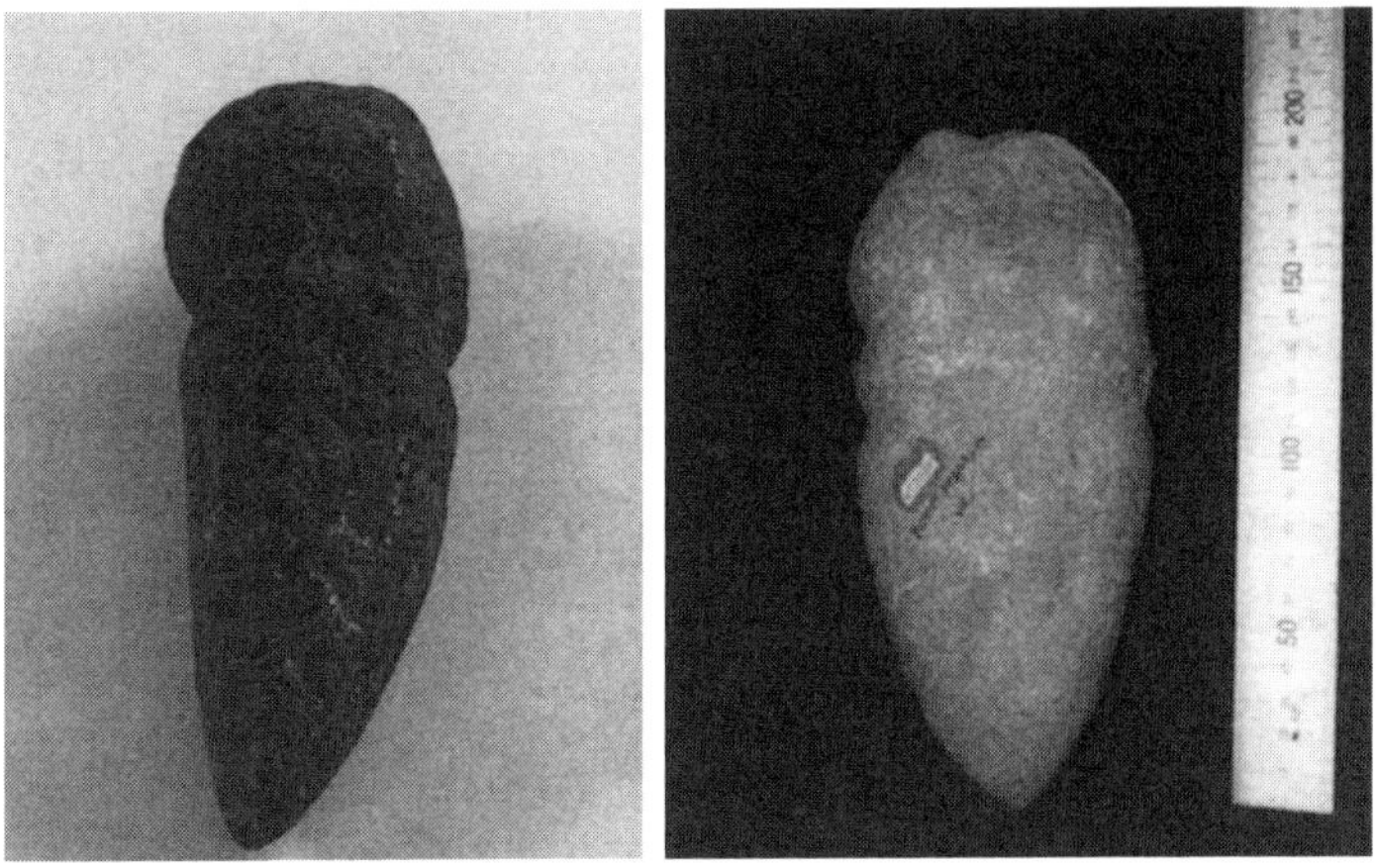

石のツルハシ。（ジョナサン・ジョーンズ）

すら貼られていなかった。ラベルが貼ってあった数個には、ボガン川（Bogan River）のツルハシと事実だけが表記されていた。

初版が発行されて以来、私は全国の農家からほかの奇妙な農機具の写真を受け取った。それらは1世紀以上の間、家族の収集物として保管されていたものであった。これらの農機具についての研究によって世界の農耕の歴史に興味深い光が当たるだろう。

同様に、多くの北部オーストラリアの博物館には長いナイフのような道具が展示されており、通常は「用途不明」という説明文が記されているが、実際には、この道具はジュアン・ナイフ（juan knives）といって、石でできた長い鋭利な刃が付いて、取っ手は毛皮で覆われており、探検家グレゴリーは、アボリジナルの人々が穀物の伐採に使っていたと記録している。[43]

2010年、私はビクトリア州のコーラック

（Colac）地方で発見されたいくつかの石器を見せられた。その大きさはカヌーの櫂の刃部とほぼ同じで、洋ナシの形をした長い板であった。私は1998年に同様の物体をオトウェイ岬（Cape Otway：コーラックの近く）で見たことがあったが、使用目的がはっきりとわかっていなかった。しかし、クイーンズランド州とニューサウスウェールズ州では、同様のものが調理用の板であることが判明した。これらは儀式的なものなのか、それとも台所用品なのか？　表面を分析するだけで、何に使用されていたかが明確になるのだが、これまでのところ、ほとんど分析はおこなわれていない。

食用植物の栽培化

学者のルパート・ゲェリッツェン（Rupert Gerritsen）は、世界の人々が定住と農業に向かって進んでいることについての膨大な資料を集めた。進んでいるかどうかを見る指標の一つは植物の栽培化である。

人為的に植物を選ぶシステムを作り、植物を「栽培」すると、形と構造が変化し、しばしば新しい品種になる。この過程で遺伝的変化が起こり、対象となった植物はそのライフサイクルの持続のためにヒトに依存するようになる。(44)

栽培化後に植物に起こる変化のいくつかは、休眠の短縮、同時に熟す傾向、人工的に水やりをしないと発芽が阻害される種子の周囲の硬い花軸の発達である。収穫および選別技術も種子特性の変化に寄与する。発見は後になったものの、このような性質は、アボリジナルの穀物の初期の研究成果から発見された。ゲェリッツェンはゾハリー（Zohary）らの研究をまとめ、ヨーロッパで野生の小麦と大麦の栽培化に繋がったのと同じ作物栽培活動をアボリジナルの人々がおこなっていることを示した。これらの研究者は、この作付スタイルからわずか20年から30年の間に硬い花軸が発達し、人工的な水やりをしないと発芽が妨げられるほどになると主張している。[45]

オーストラリアの穀物はアボリジナルの人々の介在に依存するようになり、広い草原、穀物の単一栽培はこの意図的な操作の結果であった。

同じように何千年もの間中央砂漠の人たちが使用した砂漠のレーズン、別名ブッシュ・トマト（*Solanum centrale*）も繁殖や拡散するために、人に依存するようになった。好ましい植物として、それはキャンプ場の近くでもっとも一般的に見られ、選択的な人為火付け（selective burning：野焼き）によって生育を促され、植物が人間による介入への依存を高めた。

この植物は中央砂漠の文化のなかで高く評価されているため、良い人をこの植物の名で呼ぶことがよくある。管理者であるアボリジナルの人々は、儀式、踊り、歌のなかでこの植物をほめたたえ、ボディ・ペインティングはしばしばそのイメージを題材にしている。余剰の収穫物は、すり潰してペースト状にし丸めて、1年以上経ってから使うことになる。

これらの植物に関する研究が少ないのは、証拠がないということではなく、むしろアボリジナルとオーストラリアの植物群との相互作用を探求しようとする興味と意思が欠如していることを意味している。これらの草原の果物や種はレストランで人気の食材になっている。しかしヤム・イモと穀物はほとんど吟味されていない。アボリジナルの経済研究は、アボリジナルの人々がどのように生活していたかを十分に理解するためだけでなく、人類の家族がいつどのように地球上に広がったのかを理解するためにも必要である。

アボリジナルの人々はインドネシアから陸橋を渡ってオーストラリアに到着したと教えられてきた。私が学校に通っていたとき、これは海面が上昇しはじめる1万年前、氷河期の後に起こったと考えられていた。放射性炭素年代測定法が導入されてから、その数字は4万年にまで膨れ上がり、さらに近代的な年代測定法を用いて研究を重ねた結果、6万年になった。アボリジナルの人々は、もちろん、常にここにい続けているといってきた。

西ビクトリア州のアボリジナルのコミュニティは、30年間ホプキンス川（Hopkins River）の古代の貝塚を分析しようと試みてきた。貝塚はとても古くて、岩になってしまっている。ついに調査がおこなわれたとき、貝塚は8万年前のものだとわかったが、それはアフリカ単一起源説がいうところの人類がアフリカを出発しはじめたときから1万年前である。ホプキンス川の貝塚は大陸の最南端にあるため、大陸棚の端にはもっと古い貝塚が存在する可能性がある。海面上昇前、そこには人が住んでいた。

世界中の人々とその動きを理解するために調査するというのは興味深い提案である。マンゴ湖（Lake Mungo）でのジム・ボウラー（Jim Bowler）教授の研究は驚くべき結果をもたらしたが、ホプキンス川での彼の研究はさらに意義深いものである。オーストラリア人なら誰でも楽しめる過去の探究であり、アボリジナルのオーストラリアの例外主義をさらに認める機会でもある。

過去10年の間に、ほかの研究者がアボリジナルの人々によって栽培化された植物について徹底的な研究をはじめており、私たちはこの研究を奨励し支援する必要がある。

オーストラリアでもっともベテランの考古学者の一人が、マレー川流域の洗練された村の遺跡を発掘しようと政府の関心を得るのに苦労した後、私に次のことを打ち明けてくれた。オーストラリアの考古学者にとっては、オーストラリアで新しい研究分野に取り組むよりも、海外で研究助成金を得る方が簡単であるということだ。

ほとんどの考古学者は、定住への移行は常に何らかの形態の農耕と関連しており、集約化の期間として説明できると考えている。ビル・ガメージ（Bill Gammage）は、ヤム・イモと穀物の収穫にはどちらも何らかの形の定住が必要だが、「アボリジナルの精神的な制裁の力」が、周囲のクラン集団による穀物の略奪をできないように保証していたと考えている。[46] そのため、作物を守るために作物のそばにとどまる必要がなくなり、旅や長期にわたる文化的儀式に参加することを可能にしている。

穀物地帯では、人々に種を選び、種を蒔き、ダムを建設することを教える祖先の物語がよくある。

ギプスランドの警官で在野の人類学者のアルフレッド・ハウイット（Alfred Howitt）は、アボリジナル集団ディヤリ（Dieri）が五つの主要な食用植物を分配した神話上の祖先を信じていたと記録している。ピーター・ベバリッジは、スワンヒル（Swan Hill）の近くの彼の所有地から、ワティ・ワティ（Wati Wati）の伝統的な物語を記録した。多くは食糧栽培、土壌整備、余剰収穫物の貯蔵を中心テーマとしている。

―― ＊ ――

アボリジナルの人々が栽培し収穫したもう一つの穀物は米であった。こういった穀物はティンデールの研究（47ページ参照）にもとづく地図では、アボリジナルの穀物境界上で使われている傾向があった。

２０１２年の7月に、サザン・クロス大学のイアン・シバース（Ian Chivers）非常勤教授がオーストラリア放送協会（ＡＢＣ）ラジオの『ナショナル（National）』で在来種の米の潜在能力について議論しているのを聞いたことがある。彼はオーストラリア米のゲノムの重要性を強調していた。それはアジアのイネが病気などの有害な変化から守る特性を失いつつあったからである。会話のなかでアボリジナルの人々については触れられていなかったので、教授に電話して彼の研究について話をした。教授はアボリジナルの人々が穀物にどのように関わっていたのかわからなかった。彼ら（アボリジナル）はそれ（穀物）を使っていたが植えていたのだろうかと疑問を持っていた。

シバースは、アボリジナルの穀物管理という考えに興味を持っていたが、彼の焦点は現代市場における在来穀物の経済的可能性にあった。

シバースの研究パートナーであるフランセス・シャプター（Frances Shapter）から私に紹介された本、フレッド・ターナー（Fred Turner）著『オーストラリアの草（*Australian Grasses*）』は、アボリジナルの人々にはまったく触れていないが、シバースは最近の論文で「オーストラリアには、環境に悪影響をおよぼさず、高価な肥料や農薬を必要とせず、灌漑用水を必要とせずに成長した、非常に長期にわたる穀物の食糧生産に関する驚くべき例がある」(47)と述べている。

アボリジナルの人々は、単に植物の成長周期と収穫のための種子の選択に継続的に干渉することによって、これらの植物のゲノムと習性に変更を加えた。この過程は長期間にわたっておこなわれ、これは科学者が栽培化（domestication）［ドメスティケーション］と呼ぶものである。

彼のウェブサイト「会話（The Conversation）」への投稿でシバースはこう書いている。「これらの長期的な穀物生産システムは、何千年にもわたりアボリジナルのオーストラリアでの農耕システムの特徴の一つであった」(48)。さらに、彼は次のように提案する。

穀物の種類では一年草ではなく多年生の草を見るべきである。……降雨量とタイミングが合う年に、穀物を栽培することができる常在する牧草地を想像できるだろうか？　この牧草地は、避けることができない干ばつを生き延びることができる。干ばつが収まれば、再度種まきをしなくていいのである。これは、昔からおこなわれてきた多年生の穀物を作付するシステムであるが、それはまだそこにあり、見ようとする賢明さがあれば発見できる。[49]

2012年10月19日、チャールズ・ダーウィン大学のペニー・ウーム（Penny Wurm）とショーン・ベレアーズ（Sean Bellairs）は、ＡＢＣラジオの「地方報告（Rural Report）」でさらに議論を深めた。彼らは、アボリジナルの人々が何千年もの間米を利用してきたこと、そして、ほかの利点のなかでも特に、いくつかの種は汽水で育てることができると述べた。

これらの在来米は市販の米に似ており、赤みがかった色をしていたので、料理の専門家の目をひくかもしれないと彼らは考えていた。

オーストラリアの在来米は何千年もの間、先住民によって収穫され食べられてきた。そして「森の食べ物（bush tucker：ブッシュ・タッカー）」「目新しいもの（novelty）」または、旅行およびグルメの隙間市場でのグルメ商品（穀物または小麦粉）として野生の米の事業を支える可能性がある。[50]

シバースと同様に、ウームとベレアーズは、これらの野生種がアジア太平洋地域における栽培品種の開発と経済開発のための重要な遺伝資源であると考えている。

これは良い知らせで、アボリジナルの人々がこの植物に投資した知的財産を活用できるようになることを願っている。精米会社サン・ライス（Sun Rice Pty Ltd）社がこの研究を支援してくれた。同社は研究結果から恩恵を受ける立場にあるので、何千年にもわたって研究に貢献してきたアボリジナルの人々を尊重してくれることを願っている。

灌漑

多くの探検家や牧畜民がダムや灌漑用の溝を目にしたが、ウォルター・スミス（Walter Smith）はそれらが造られるのも見ていた。キンバー（Kimber）はスミスとの会話を記録している。

人々は穴掘り用のシャベルと大きな浅めの容器クーラモン（coolamon）を使って、列に並ぶ。粘土と土がすくい上げられ、列に沿って手渡しされる大きなクーラモンのなかに入れられた。ウォルターは、作業の速度について次のようにコメントした。人々は列になって、恵まれた集水流域を深くし、堤防の建設も同時におこなうことができた。それを十分に掘り起こすと、人々は粘土の土台を踏みつけた。アリの巣材が近くにあれば、これを運んで踏み込んでしっかりとした土台を作った。[51]

クイーンズランド州南西部のチャネル・カントリーにあるブルー川（Bulloo River）氾濫原で発見されたダムの壁は、長さ100メートル、高さ2メートル、基底部分の幅が6メートルあった。建設には180立方メートルの資材が必要であった。粘土に砂利を混ぜて、いくつかの小川の集水域を横切る土盛りを作ったもので、70万リットルを蓄えることができた。[52]

カーペンタリア湾のグレゴリー断崖（Gregory escarpment）の近くには、農業工学的に優れた例がある。「一連の相互に繋がったダムの壁で深い恒久的な池を作っており、全体の構造は並外れたものになっている」。[53]この技術は収益率を高めるといわれている（1984年、類似の方法がキンバーによって報告されている）。私たちははっきりしない、一つしかない例について話しているのではない。これらの建造物は大陸中に見られる。[54]ノーマン・ティンデールは1977年にニコルソン川（Nicholson River）に造られたダムを見つけた。このダムは、水があふれて穀物畑に流れるように設計されていた。キンバーが似たような構造物について書いている。グレートウエスタン砂漠（Great Western Desert）のなかのゴッドフレイのタンク（Godfrey's Tank）は、デビッド・カーネギー（David Carnegie）の部下の一人の名前にちなんで名付けられた。敷地はアートと彫刻に囲まれており、4万ガロン［15万1000リットル］以上を貯水していたと試算されている。[55]

ニューサウスウェールズ州のウィラジュリ（Wiradjuri）の人々もまた、大きなダムを建設し、新しい水飲み場を確保するために、魚やヤビー［淡水の甲殻類のザリガニ］を容器クーラモンに入れて遠くまで運んだ。[56]

1875年にガイルズ（Giles）は南オーストラリア州のオルディア（Ooldea）（ナラボー平原の東端）近くでダムを発見した。高さ1・5メートルの土手があり、基底部分の幅は1・5メートルであった。一方の側には、壁を壊さずに洪水を流すための越流路が設けられていた。ガイルズはその作品を粗雑なものだと思っていたが、「まる1週間、7人の男、22頭のラクダに水をやり、乾燥した500キロメートルの道程を持ちこたえる程の水を容器に満たすことができた」。[57]

初期の探検家S・G・ハブ（S. G. Hubbe）が西オーストラリアへのストック・ルート〔家畜を移動させる経路〕を探していたときに、驚くべき建造物を発見した。[58] 1・8メートルの粘土と花崗岩の壁が花崗岩の露頭の基盤に建てられていた。ダムの基礎部の土はもろく、花崗岩の厚板に面していた。ダムの壁には階段が切り込まれており、集水域は非常に良好で、ほんの少しのにわか雨でもきれいな水を十分に集めることができた。

スタートも南オーストラリア州のトレンズ湖（Lake Torrens）の北に大きな井戸を見つけた。

深さ22フィート〔6・6メートル〕、上部の幅8フィート〔2・4メートル〕。踊り場があり、……水を貯めるためにくぼみが作られていた。……この場所から東西南北のほぼすべての方角に至る道があり、その道に沿って歩いていくと19の小屋からなる村に行きあたった。種を挽くための桶と石が横たわっていた。……この時点ではとても大きな井戸があったため（完成には、トライブ集団の団結した労働が必要だったに違いない）、この奥地の向こうの部分には……

ビクトリア州ベンディゴ近郊のコーヨーラ国立公園にある井戸。
(リン・ハーウッド)

誰かが住んでいると確信できた。[59]

考古学者のジョン・モリエソン(John Morieson)とスウィンバン研究所の学生たちは最近、ベンディゴ(Bendigo)近郊のコーヨーラ国立公園(Kooyoora National Park)にある多数の井戸を調査した。これらの井戸に積みあがった瓦礫を取り除くと、わずか数ミリの雨でも降るとあふれだすであろう。数千ガロン［1ガロンは約4・5リットル］の水を貯める井戸も数個存在したのである。[60]

このような井戸の建設を調査しているモリエソンらは、井戸に火がつけられた後に石の剥離が繰り返したこと、そして、次に冷水が熱い岩にかけられることで石の大きな薄片ができ、これを側面や底から取り去ったことにより井戸が深くなったのではないかと推測している。石が自然に分解されたという人や、石のコテで何千年にもわたって継続的に剥がしていくうちに深くなったという人もいる。

降雨を利用する方法もたくさん見受けられる。西オーストラリア州の北西の金鉱地帯では、雨季での増殖を確実にするために、人々はクルミ（*Tetracornia arborea*）の種を粘土のなべの割れ目に蒔いた。彼らは収穫したクルミの収集、準備、消費について記録するために、土手に石を飾った[61]。モリエソンは、ビクトリア州でも似たような不可解に飾られた石を記録しているが、同じ目的でおこなわれたのかもしれない。

ほかの地域からの入植者や探検家たちは、種を蒔くための土地を準備するために、大規模な井戸のシステム、何マイルにもおよぶ流れの迂回水路、計画的な洪水について報告してきた。しかし、そのような井戸が発見されるとすぐに、それらは羊とその羊飼いによって乗っ取られた。なぜなら、井戸は羊が間違いなく引き寄せられる農地の近くに位置していたからである（入植者たちは、家畜を新しい区域に駆り立てていったのではなく、単に羊たちが次の農耕地または菜園を見つけるまで、その後をついていっただけである）。

科学者たちがアボリジナルの人々の関与を証明するためにこういったダムや貯水システムの起源を調査しようというのはもっともらしく思われる。古い放牧地に位置するダムの土手の簡単な調査で、表面下で異なる建設技術を探知できるかもしれない。バーバー（Barber）とジャクソン（Jackson）は、異文化との最初の接触期間にアボリジナルのダムがしばしば観察されたノーザン・テリトリーのローパー川（Roper River）においてすでに同様の技術を適用してきた。

ノーザン・テリトリーのエルゼイ・ステーション［牛放牧地］近くのアボリジナルの人々は、魚の池を維持するためにダムを設置した。これが原因で、彼らは自分の牛のためだけに水を使いたがるステーションの所有者と対立した。警察と裁判所はステーションの所有者であるホルト（Holt）を支援し、アボリジナルの人々は罰せられた。しかし、彼らが受けた最大の罰は、もちろん、彼らの資源と生活を失ったことであった。

私たちがもっと寛大な態度でアボリジナルの水の保全について検討するときがきている。ほかの地域でのさらなる科学的調査は、ほかの地域や気候地帯の複雑なシステムを明らかにする可能性がある。乾燥した大陸では、この情報は重要であり、アボリジナルの工学、保全および労働の分担に対するオーストラリア人の認識に変化をもたらす可能性があるだろう(62)。

鳥獣または農耕

鳥獣の狩猟は、野外で気まぐれに殺すよりもはるかに信頼性の高い手順を採用していた。初期の探検家のなかには、狩りをするときにアボリジナルの人々が実施するさまざまな介入に気がついていた者もいた。彼らは反対側の水路の土手に建てられた巨大な柱を見て、これらの大きくて頑丈な構造物の使用について推測した。その後、アボリジナルの人々が細いかすみ網をそのような柱から小川に張り巡らし、アヒルやほかの鳥を捕まえていたとき、探検家たちはその場に立ち会っていた。

この網は、カモが水路に沿って自然道を行くのを邪魔しないように、短期間しか仕掛けなかった。ミッチェルは次のように書いている。

　網目の幅は約2インチ［5センチメートル］で、網は小川の水面から5フィート［1・5メートル］以内の所まで垂れ下がっていた……これらの原始的な住民によって作られた数少ない芸術作品のなかで、品質においても結び目の様式においても、ヨーロッパで作られたものとほとんど区別がつかない程、我々の網とこれほど近いものはなかった。(63)

牧畜業を営むジェームズ・ドーソン（James Dawson）とロビンソン（Robinson）は、人々が32キロメートルの前方から追い込む場所までの獲物の追い込み、「壮大な冒険的な狩り」について書いている。ドーソンはいくつかのトライブが2000人の参加者を巻き込んで協力していたことについて記録している。クイーンズランド州のある入植者は、「長さ50フィート［15メートル］、幅5・5フィート［1・65メートル］のカンガルー網で、ヨーロッパのどの網にもひけをとらないぐらい上手く編んである網」を発見した。(64)

入植者は、大がかりな罠や狩りにおいて、これらのネットが何キロメートルもの草の柵と組み合わせて使われているのを目撃した。壁の遺構は、狩りの両翼を縁取っており、今でもこの国の一部の地域で見ることができる。中央ビクトリアのユーロア（Euroa）の近くでは、巨大な石垣が自然の岩の露頭を繋いでいる。岩の上の地衣類の繁殖は、これらの石垣が初期のヨーロッパ人入植者との接触の時期よりかなり前に建設されたことを示していると一部の植物学者は主張している。この独特の追い込みによって、カンガルーは広大な平地から麓まで追い立てられ、いくつも連なった囲いに落とされる。そこでは狭い開口が動物に面しており、一方は解体処理のための動物が入り、もう一つの開口には解放する動物が入るようになっている。

これらの獲物の追い立てに関連した石の造形物とその近くの住居は、信じられないほどの労働力と、コンダー湖（Lake Condah）やブレワリナ（Brewarrina）の魚の罠に代表されるものと同等の定住への動きを表している。このような場所はさらなる調査が必要である。

ある研究者は、中央ビクトリア州のストラスボギー山脈（Strathbogie Ranges）にあるガーデン・レンジ（Garden Range）のアボリジナル・ロック・アートは、ユーロアの狩り場の近くにあるが、カンガルーの群れを集めて飼育する活動を描いているものだと主張している。それにもかかわらず、これらの建造物に関連した道具の大部分は、建造物自体と同様に、いまだビクトリア州アボリジナル問題省の考古学における重要な場所として登録簿には記載されていない。

―― * ――

オーストラリアン博物館のマイケル・アーチャー（Michael Archer）は、カンガルーを食用や農業用の家畜として利用することについて説明している。彼とほかの科学者たちは、アボリジナルのオーストラリア人がカンガルーをと畜しても、成体の雄が標的にされたため、個体群にはほとんど影響がなかったのではないかと推測している。この産業の持続可能性を示すために、アーチャーは南オーストラリアのマリヤンガリー（Mulyungarie）・ステーションでの研究を引用している。そこでは、年間1万頭の雄を8年間にわたって捕獲した結果、カンガルーの数が1平方キロメートル当たり20頭から50頭に増加した。(65)

カンガルーの肉は脂肪の含有量が少なく、薬品漬けにする必要がないため、不純物が含まれていない。カンガルーは過酷な環境に耐えることができ、その上、彼らの足は土壌の表面を破壊したり、圧迫したりすることがない。［一方で、薬品の使用と牛や羊の家畜の硬い足による土壌破壊は］両方とも浸食に繋がる。

カンガルーとエミューを捕獲するというアボリジナルの狩猟システムは、射手を必要とせずに動物を集める方法を提示しており、この方法は国を象徴する動物に感情的な愛着を持っている都市の有権者の気持ちを和らげるかもしれない。興味深いことに、狩りは、植物の栽培に携わるアボリジナルの人々が必要としたであろう知識、至点［夏至・冬至］を予測するために設計されたと思われる構造物と関連していた。

しかし、奇妙なことに、２００８年にラッド政権の気候変動政策を立案したロス・ガーナウト（Ross Garnaut）が、牛が自動車よりも大きい汚染源となることから、土地を保全し温室効果ガスを削減する方法としてカンガルー農場を主張したとき、マスコミは軽蔑の念を抑えることができなかった。

まだ納得していない?

ここで記載した色々な活動は例外ではない。さまざまな農業活動に従事する大多数の人々がオーストラリア全土で観察されている。クーパー川（Cooper's Creek）の近くで、ある入植者は女性たちが「草を食べる羊のように厚い」平地で種や根を集めているのを見た。[66] ハーマンズバーグ・ミッション（Hermannsburg Mission）で育ったオーストラリア中部の植物学者ピーター・ラッツ（Peter Latz）は、オニオン・グラス（*Cyperus bulbosus*）の塊茎を収穫する女性の技術について次のように述べている。「女性たちは区画の端に時々溝を掘り、1列になって、移動しながら地面を掘り起こしていた」[67]。多くの初期の探検家がこの活動を目撃し、その栽培プロセスの効果を認識していた。

キング（King）は、あの絶望的なバーク（Burke）とウィルズ（Wills）の調査隊で、アボリジナルの家で穀物の貯蔵庫を見つけ、それを彼は4トンと見積もった。バークとウィルズの捜索隊のメンバーであるジョン・デイビス（John Davis）は、ストルゼレッキ砂漠（Strzelecki Desert）のクーギーコギナ湖（Lake Coogiecoogina）の乾燥した地面で収穫期にある大量のナルドゥの種について報告し、砂漠とはヨーロッパ人が小麦を栽培し羊を育てることができない地域を表すために使う言葉であることを我々に思い出させた。

ハウイットも、バークとウィルズの別の捜索隊で、ナルドゥの大きな貯蔵庫を見つけた。クイーンズランド州のマリガン川（Mulligan River）の初期の入植者は、大量のナルドゥが収穫されていたことについて述べていた。探検家であり家畜の群れを移動させるアシュウィン（Ashwin）は、アボリジナルの人々を称賛しようとしているわけではないが、二つの穀倉を発見し、「一つには17枚の大きな皿に約1トンの米の種が貯蔵されていた」。「美味しい穀物」を見つけたことについてアシュウィンがいったコメントは、「もっととれなかったのが残念」だったというものだった。(68)

家屋、水路、収穫場、灌漑が観察されただろうが、数週間、時には数時間以内の観察で、火事で家屋が破壊され、羊と牛が畑を破壊し、ダムは略奪され、ヨーロッパ人が使用することになった。

探検家たちの日誌は、アボリジナルがその土地を利用している証拠を発見したことについての驚きであふれている。ウォルター・スミス（Walter Smith）、ビル・ハーニー（Bill Harney）(69)、その他の探検家によって報告されたように、塊茎、穀物、および魚だけでなく、彼らはまた、さまざまな種の若い水鳥を集め、囲い込み、捕獲していた。(70)

魚、鳥獣、プラム、毛虫、蛾、クアンドン［赤い果実］、イチジク、種、ナッツなど、多種多様な食べ物が保存されているのを、数えきれないほどの解説者が目にしていた。保存された毛虫は一種の粉にされた。イチジクとクアンドンはパルプ状にして混合され、マルメロのペーストに似たものにされた。

ジョセフ・バンクス（Joseph Banks）卿はオーストラリア産のバナナ（*Musa acuminata ssp banksii*）の実が好きではなかったが、人々が熱い石の上で調理して食べていたのは幹であった。青いバナナのような味がして、切った茎からすぐに芽が出た。[71]

カービーとベバリッジは、ワティ・ワティが収穫・育成している広大なイグサの畑を見つけた。「イグサは熟した小麦の広大な畑のようだった。近づくと、それらを燃やしていて、穂を出すまでは立派な作物のように見えた」。[72]これは管理されたシステムであり、この管理はヨーロッパ人の目になじみのあるシーンを作り出していた。

カービーはこのコンプン（cumbungi）イグサの食事を小麦粉やジャガイモの食事に非常に似ていると説明した。[73]ミッチェルは、コンプンの粉から作られたケーキは「普通の小麦粉から作られたものより軽くて甘い」といった。[74]スワンヒル近くの葦の湿地には巨大な盛り土が築かれ、この貴重な植物の収穫を管理できるように、村落は湿地帯のなかの景勝地に配置した。この地区での最初の数日間、カービーとベバリッジは、これらの巨大な盛り土と、それが蒸気を発しているという事実に興味をそそられた。調べたところ、盛り土はコンプンイグサを調理するための巨大なオーブンであることがわかった。[75]

ミッチェルは主に「『バリャン』（balyan：またはブルラッシュ）を焼くために使われた原住民（natives）のたっぷりの灰の丘」に注目し、[76]生産されたデンプンの量にいかに驚いたかを記録している。

この植物の付け根は、生のまま使うと、今まで味わったことのない新鮮でカリカリしたサラダのようだ。エアー（Eyre）、クレフト（Kreft）、ジョージ・ムーア（George Moore）の3人の探検家は皆、大陸のさまざまな地域でのブルラッシュからとれるデンプンの重要さに言及している。
晩年、ベバリッジはワティ・ワティの伝統的な物語の多くを思い出した。彼のひどい筆跡やほかの印刷物の上に書いたという事実にもかかわらず、これらの物語の印象的な点は、多くの物語が植え、耕作し、収穫し、保管することを中心テーマにしている点である。祖先たちは、植物の手入れと作物の分配についての指示を残していた。物語には、料理のレシピが具体的なものもある。(77)
スワンヒルの近くにあるバラルックの物語「クーロンジュンドー・マッキー（Coorongendoo Muckie）」では、マレー鶏（クサムラツカツクリ）の卵について次のように説明している。

ウィッチマンブルが卵を全部確保したとき、ヌガルー・ワトウは松の木の乾裂した部分をハマアカザの木舞［薄い小幅の板］でこすって火をおこした。数分の急速な摩擦によってすぐに焚火ができ、ツカツクリの卵の半分は砂をかぶせて端に置かれ、短時間のうちに沸騰していき、その間に上部の開口部を開けて、細い小枝で掻きまわした。調理が終わると彼らは外観が黄色のペースト状の粘土を見せてくれたが、その味については形容詞の良いという意味である「talke」からは、ほど遠いものであった。(78)

ゲェリッツェンは、南オーストラリアのキラパニナ湖（Lake Killapaninna）にいたドイツ人宣教師ヨハネス・ルーサー（Johannes Reuther）による、大昔のマルカンジャンクラ（Markanjankula）についての同様に鮮明な回想を引用している。

最初に彼はアルヴォルカンタ（Aruwolkanta：ワラ・ンガンカナ）に来て美しい平原を見つけた。ここで彼はすべての雑草と石を取り除き、土壌を柔らかくし、ナルドゥを蒔き、蒔いたものを土で覆った。もし洪水が起これば、ナルドゥが生えてくるはずだ。(79)

マルカンジャンクラは、伝説のほかの部分では種子を散布する者、種子－穀物用の穴を掘って作る者と呼ばれている。

キラパニナ（Killapaninna）湖の名前のなかにも、パナーナ（pannana）やパラーラ（parrara）などの色々な牧草の名前の綴りが入っている。これらの牧草は今では地上で見つけるのは難しいが、言語に埋め込まれている。

すべてのアボリジナルの人々がこうした生活習慣に関わっていたわけではないかもしれないが、探検家と最初の目撃者の証言を信じるならば、ほとんどのアボリジナルのオーストラリア人は、少なくとも世界のほかの多くの地域に先駆けて、農耕社会の初期の段階に達していた可能性がある。

学術誌『アンティクイティ（*Antiquity*）』の記事のなかで、デンハム（Denham）らは、次のように述べている。「オオヤマノイモの分散がニューギニアとオーストラリアの分離以前に起こったとしたら……少なくとも1万年前に北オーストラリアで園芸実験がおこなわれたことになる」[80]。
20世紀初頭のオーストラリアの人類学者、考古学者、昆虫学者、民族学者であるノーマン・ティンデールは、灌漑と園芸、そしてそれを支えた石の技術を調査した後に、彼らの製粉技術は1万8000年ほど前のものであると推測し、もしそれが本当なら世界の農耕の歴史の年代が書き換えられるとした[81]。
オーストラリアのアボリジナルが使用していた道具類についてのティンデールの評価を見たとき、この主題についてそれまで発表されていた内容と違っているように思え、私もその評価をほとんど支持することができなかった。しかし、この10年で私の考えは変わり、ティンデールの結論はもはや奇抜なものではないように思える。

磨製石斧は、おそらくオーストラリアで発明されている。……刃を削ったり斧の形を作ったりする技術、つまりつついて穴を開けるなどの技術ははるか遠い昔のものなので、その普及は現在のオーストラリアまで海を越えて伝わったというよりも、より大きなサフル大陸内で広まったことは明らかだ[82]。

オーストラリアでの石器研究は、しばしばさまざまの理論を証明するためにおこなわれているが、ティンデールの理論を注意深く扱うべきであるのと同様に、アボリジナルの石器は4000年から

5000年前に技術革新が加速、または強化されたと主張する現在の考古学者の見解を受け入れることにも慎重にならなければならない。多くの洗練されたオーストラリアの道具を検査した結果、これよりはるかに古い時代のものであることがわかっており、これは技術の強化がオーストラリアではじまったのは4000年前のことであるという考えに反しているようだ。

重要なことだが、オーストラリア国立大学のスー・オコーナー（Sue O'Connor）が西オーストラリア州でおこなった最近の調査で、ほぼ5万年前の局部磨製石斧を発見したが、この種の斧では軽く、世界最古のものである。[83] ノーマン・ティンデールがその可能性を示唆したとき、彼は嘲笑されたが、今では、アボリジナルの技術は、劣ったものと仮定せずに見る必要があるようだ。

アボリジナルが使った道具類の調査は、それらがどれだけ密接に経済に適合しているかを示している。これはそれほど驚くべきことではないが、この技術がこれまで考えられていた以上に作物の利用と密接に関連していることが明らかになったことは目から鱗である。アボリジナルの人々がどのように植物と相互作用し、その相互作用をどの程度制御していたのかを理解するには、さらなる研究が不可欠である。その植物の利用は便宜的なものだったのか、それとも農作業と密接に結びついていたのか。本書の後半の例では、より多くの信頼できる収穫率を得るために開発された方法と技術を明らかにする。

私たちは植民以前の歴史を理解する入口――終点ではない――にいる。そして、最新の考古学的調査は、アボリジナルが非常に古い時代からこの土地を占有していたことを示唆している。ウェイド・デイビス（Wade Davis）は、初期のアボリジナルの土地占有の証拠を分析するとき、現代人がアフリカを離れはじめた6万年前という数字を使っていた。もしそうならば、一般に受け入れられているアボリジナルのオーストラリア占有は6万から6万5000年前になるが、一番とはいわないまでも、アフリカ大陸を離れたのは私たちが最初だったということになる。[84] 以前に示唆されたように、より最近の発見では、その数字は8万年前となっている。

毎月、新しい考古学情報が公開されている。これまで見てきたように、ワーナンブールで発見された貝塚は6万年から8万年前の時代のものであり、南オーストラリア州のもっとも乾燥した地域にある洞窟では、アボリジナルが約5万年前に占有していたことが示されている。これは、アボリジナルの人々がその地域を占有していたと従来考えられていた時期よりもはるかに早い。[85]

オーストラリアの植物群落と景観に対する古代アボリジナルが与えた影響についてさらに調査する必要があると、クイーンズランド州での人類の存在を研究するために820番遺跡の調査を計画した、環境科学者A・P・カーショウ（A. P. Kershaw）が強調している。「入手可能な証拠の重みは、アボリジナルによる野焼きが植生の変化のもっとも可能性の高い要因であることを示している……そして、これは人々がオーストラリア大陸に少なくとも14万年間存在していたことを意味する」。[86]

この主張に異論が出ることは明らかであるが、キャンベラ近郊のジョージ湖（Lake George）でおこなわれた花粉学者ガーディップ・シン（Gurdip Singh）による初期の花粉コア研究でも、同様の活動が土地利用に急激な変化をもたらしたことが示されている。シンは、植生のこの劇的な変化は、アボリジナルのファイヤー・スティック農法（fire-stick farming）の結果ではないかと提案している。エリック・ロールズ（Eric Rolls）は、未発表の論文のなかで、これらの発見について論じ、オーストラリア大陸への人類の早期到着の可能性を暗示している。

「ファイヤー・スティック農法」という言葉は1969年に考古学者のリース・ジョーンズ（Rhys Jones）が提唱したが、より最近の調査によってアボリジナルの土地利用に対する理解が深まり、探検家たちによる観察が裏付けられている。これは、農耕活動への動きが、現在考えられているよりもはるかに早くはじまったことを示唆している。ジョーンズが40年以上前に紹介した言葉のなかで「農耕」という言葉を選んだのは興味深い。

海洋考古学者のピーター・ロス（Peter Ross）がマレー川下流とクーロン湿地（Coorong Wetlands）でおこなった魚捕獲の罠の研究から、ジョーンズは次のように結論づけた。

> 完新世後期の強化に起因すると考えられていた適応は、早くも更新世後期には、いくつかの地域で発生していたことが判明している。……その後、オーストラリアの考古学は現在、大陸の物語と矛盾しているように見える地域での調査結果を再検討している。(87)

「大陸の物語（continental narrative）」とは、人類学者のハリー・ローランドス（Harry Lourandos）が仮定したような社会変化の結果ではなく、環境における変化のような外的な力によって人々の経済に変化が生じるというものである。考古学者が「強化（intensification）」と呼ぶのは、このように技術と行動の変化が加速していることである。

世界中の科学者は、人間工学や農耕の実験は約4000年前にはじまり、道具の開発は自然にこの変化と関連していたと信じている。しかし、オーストラリアでの証拠は、それらの変化がここではもっと早くはじまったかもしれないことを示唆している。

ハリー・ローランドスは、「『資源に富む』農耕民と『静かな』狩猟者という古典的な区別は、もはや現実には当てはまらない」という。過去を検証すると、「変化する自然環境への受動的適応」という考えを支持することはできず、むしろ複雑な――社会的、環境的、人口動態的な相互作用への積極的な関わりがあったことになる。[88] アボリジナルの人々は自然の状態に反応するのではなく、その生産に直接影響を与えていた。「アボリジナルの文化は長い間変化し、拡大してきた。最近の2006年間の変化は、何千年も前から続く伝統の延長にすぎない」と述べている。[89]

オーストラリアの将来の農場

農民は常に土地保全に不可欠であり、彼らの批評家よりも常に土壌保全へのより現実的な取り組みをしてきたが、彼らがこの大陸と対立した原因となったほとんどは、ヨーロッパから持ち込まれた植物と家畜への依存だった。

羊や牛への全面的な依存から脱却し、エミューやカンガルーにまで多様化したらどうなるだろうか。研究者のゴードン・グリッグ（Gordon Grigg）は次のように主張している。

牧畜業者は、すでにカンガルー（とほかの草食動物）よりも羊を優先して放牧しており、その食草のプレッシャーは非常に高い。もし彼らがカンガルーからお金を得て、そしてカンガルーが彼らの混合放牧システムの経済にプラスの部分として受け入れられるようになれば、彼らは少なくとも、少ない羊の頭数で持続可能な経済を実行する選択肢を持つことになる。[90]

カンガルーを資源として受け入れるのを阻んでいる問題の一つに所有権がある。グリッグがいうように、「自然保護論者は、野生生物の所有権を民間人に譲るという原理を懸念している。牧畜業者は、依存してはどうかと私が推奨してる資源について所有権がないのを心配している」[91]。すでにこちらの気候や地理的条件に適応している、かつ結果的にそれを害さない動物を使用することは、オーストラリアでは生態学的、経済的に真剣な論争のテーマになるはずだ。

同じように、干上がったり、病気になりやすいアジアやヨーロッパの穀物の代わりに、アボリジナルの穀物を試してみればどうなるだろうか。アボリジナルのヤム・デイジーの収穫量を研究した後では、農場の一部をヤム・イモに変えることによって、肥料や除草剤を使用する必要がなくなったジャガイモ農家というのは容易に想像できる。

ミッチェル・グラス（Mitchell grass)、北部ニューサウスウェールズ州、ブレワリナ、2010年。（リン・ハーウッド）

マーノング［ヤム・ヒナギク］（*Microseris lanceolata*）は、甘くてサクサクしており、現在市販されている多くの作物よりもずっと健康的に糖分を代謝する。料理をするときに出る汁はワチャロン（Wathaurong）語でミンネ（Minne）と呼ばれているが、黒くて甘く、カレーによく合うことがわかるだろう。ほとんどのオーストラリアの穀物はグルテンフリーで、栽培を成功させるために化学物質を大量に補填する必要がない。羊や牛の飼育や小麦の栽培に専念している農家は何もする必要はないが、冒険好きな農民はこの挑戦を歓迎するかもしれない。

ロールズ（Rolls）は、6インチ［15センチメートル］の長い穂を持ち、混じりけのない硬い穀物で満たされたアストラレバ・ラパセア（*Astraleba lappacea*：カーリー・ミッチェル・グラス）の長所について熱弁を振るった。アーチャー（Archer）は、パニカム・デコンポシチュウム（*Panicum decompositum*：ミッチェルの発見した在来の粟）やテメダ・アバナシア（*Themeda avanacea*：在来のオートグラス）も検討するように勧め、シバース（Chivers）の研究は在来米の吟味を奨励している。研究者たちは、アボリジナルの人々によって収穫されていたオーストラリアの草が１４０種以上あると考えている。グランジ・ムンジー食品グループ（Gurandgi Munjie Food Group）が穀物とヤム・デイジーの実地試験に関与したことで、ほかの草やテメダ・アバナシア、ソルグム・レイオクラダム（*Sorghum leiocladum*：在来モロコシ）などのほかの草の発見が促進された。これらの草はオーストラリアの食と経済に役立つ植物として大きな可能性を示している。

これらの穀物については、現在市場はないが、都市の市場に出店しても、これら穀物の粉をプレミアム価格でホールフーズ愛好家に売ることができると保証する。市場は起業家によって創造される。いくつかの放牧場を一旦横に置いて楽しんでほしい。もし利益が出なければ、私の首をさしあげてもよい。

アーチャーは、企業にうってつけのブッシュ・フルーツ［森の果物］や植物の全シリーズをリストアップしている。私たちはワトルの種とレモン・マートルに取りつかれて身動きがとれないようだが、腕のいい料理人数人を送り出し、その他の最高の作物をそろえたホールフーズの店を提供する。これによりオーストラリアがその食生活を変え、本格的なオーストラリア料理が開発されるのがまだかと見守っている。

アーチャーは、土地の70パーセントを占める農地劣化と、わずか0・02パーセントしか占めない鉱業を比較している。彼は、鉱業は比較的低コストで高い収益を生み出すが、農業は高コストで低い収益の業種であると示唆している。私たちが土地を保全するためにおこなうあらゆる努力は、より土壌や土手に優しい活動に向けて農民を奨励するために使われるべきだ。オーストラリアは食糧を生産し続けなければならず、農民はこの事業の中心であり魂だが、オーストラリアの軽い土壌を耕作するもっと良い方法が必要だ。

アボリジナル作物の大きな利点は、オーストラリアの過酷な条件を克服して、種子の選択、直まき、および除草によって開発されてきたということだ。多くの穀物は砂の上で育ち、最低限の灌漑しか必要としない。幸いなことに、地方産業研究開発公社（Rural Industries Research and Development Corporation）は、これらの穀物の一部をオーストラリアの近代農業に組み込むための研究をしてきた。

ラッツ（Latz）は、「砂漠種の植物の種子の栄養価は、栽培された穀物の栄養価と同等かそれ以上だ」という。[92] これらの自生植物は国と私たちの未来の繁栄のための巨大な経済を生み出す贈り物であるので、真剣に取り組む必要がある。

2

水産養殖

オーストラリアでは、最初の入植者が現れるはるか前から水産養殖が盛んにおこなわれており、本章で紹介する事例は、オーストラリア全土での食糧生産へのアボリジナルの人々の介入がどのようなものであったかについて示す。たとえばジェームズ・カービー（James Kirby）はスワンヒル（Swan Hill）の近くで自動魚釣具を見た。コーラック（Colac）の最初のヨーロッパ人入植者であるヒュー・マレー（Hugh Murray）は、彼がコーラック湖で盗んだコリジャン（Coljian）の人々の網にかかっていたシラスの香りに歓喜した。宣教師のジョセフ・オートン（Joseph Orton）はコーラックの人々がシラスをとっているところを目撃し、網からとった魚の代わりに入植者がビーズや鏡を残していったことをどんなに軽蔑していたかを指摘した。コンダー湖（Lake Condah）の養殖場は、それを見たすべての人に明らかであり、トーマス・ミッチェル（Thomas Mitchell）は、ブレワリナ（Brewarrina）のダーリング川（Darling River）で巨大な魚捕獲の罠を目撃したが、これは地球上に人間が作った建造物でもっとも古いものだという人もいる。

アンドリュー・ベバリッジ（Andrew Beveridge）は、ビクトリア州北西部のティンティンデール（Tyntynder）にあるスワンヒル集落のマレー川で、アボリジナルの人々を目撃した。彼らは、そこで葦の浮きを付けた引き網を水の上に浮かせ、もう一方の端を底に固定するために、粘土の重りを付けた。重りはレンガのように火のなかで焼かれていた。ベバリッジは漁獲量に驚いた。川のほかの部分では、川を横切るように石、ハケ、杭で常設の柵がジグザグに固定され、魚が通れるように穴が開いていた。魚が必要なときにはいつでもこれらの空間に網を固定した。(1)

ベバリッジはまた、夏の間マレー川の氾濫原が早く後退するのを防いで魚の貯蔵を確実に保持するために、ここを横断する形で一つに連なる堤防が築かれてることにも言及した。大量の粘土で作られた堤防は1メートル以上の高さがあり、川に沿って葦が生い茂った平原が遠くまで続いていた。これらの堰に浅く溜まった温かい水は、魚を繁殖させるための非常に良い条件を作り出した。(2)

西オーストラリア州の南西にあるサーペンタイン川（Serpentine River）のバラガップ（Barragup）の魚簗《ぎょりょう》［堰］のことを、1860年頃、ジェシー・ハモンド（Jesse Hammond）が説明している。

　川を横切って小枝の垣根が作られ、中央部に小さな隙間が残されている以外は、土手から土手へと完全に閉ざされていた。この隙間から河川敷に平行に2列の杭を打ち込んで溝が構成されていた。溝の底は低木の茂みで満たされていたが、魚が泳いで通れるほどの、茂みの上には8インチ［20センチメートル］ほどの透明な水があった。この溝の両側には、水面から約2フィート6インチ［76センチメートル］の高さに台座が作られていた。これらの台座に立ち、原住民（natives）たちは溝を泳いでいる魚を捕まえたのだ。(3)

大陸の反対側、ビクトリア州パランベット（Purumbete）の近くには、トラッカ・クラーク（Trakka Clarke）が私に見せてくれたものとほとんど同じ構造がある。おそらく、このデザインは文化的、経済的なソング・ライン［アボリジナルが自然信仰にもとづいて音楽や絵画、物語、ダンス等、さまざまな形で伝達した「道」のこと」に沿って大陸をまたいで伝わったのだろう。

特殊な魚やザリガニにも専用の網が全土で使われており、網を作るには技術と忍耐力が必要だった。熟練した網職人が完成するまでに3年かかる網もあり、その長さは270メートルにもおよんだ。スタート（Sturt）はダーリング川にまたがる熟練の職人技で作られた90メートルの網を見ている。(4) ヒュームもまた、ダーリング川での複雑で広範囲にわたる網作りを観察した。

アンクル・マックス・ハリソン（Uncle Max Harrison）は、バルマグイ（Bermagui）近くの湾にある広大な魚捕獲の罠について説明している。現在は沈められているが、巨大な石で構成されており、石に固定した長い棒を使って所定の位置に移動されている。満潮時の自然の浮力が、石を動かして壁を作るのに役立っている。この信じられないようなシステムは、これまでほとんど注目されてこなかった。地元のユイン（Yuin）の人々は政府に、この罠のシステムを若者の雇用機会として、罠の再建だけでなく、漁業や観光の可能性として再利用するよう訴えている。

ロビンソン（Robinson）はパンブラ（Pambula）での魚捕獲の罠が信じられない程に上手く作用していたことについて話した。また、ユインの人々はエデン（Eden）のすぐ南にあるボイドタウン（Boydtown）で捕鯨をおこなっていた。そこで人々はヨーロッパ人が持ち込んだ道具や船を、何百年、おそらく何千年も続いた捕鯨の伝統に取り入れた。(5) 儀礼化されたシャチとの相互作用によって、シャチに大きな鯨を港におびき寄せさせ、浅瀬に追いやり、そこをユインが収穫する。ユインは近隣のクランの集団だけでなくシャチとも饗宴を共にし、シャチには鯨の舌を与える。

ユインは、浜辺の2箇所で火を焚き、老いて弱っているかのように二つの火の間で足を引きずったふりをしておこなう儀式によって、シャチとの交流を設定する。この振る舞いが、シャチたちに哀れみを感じさせ、大きな鯨を湾に連れてきて、足を引きずったふりをする彼が捕獲できるように仕向けてくれるのだという。ヨーロッパ人とユインは最初の接触から何年もこの作業を続けてきた。しかし、それはあるヨーロッパの男性がシャチのリーダーを撃ち殺したことで終焉を迎えた。不幸にもその瞬間に人間と鯨の関係は壊れてしまった。

フォスター・フィアンズ（Foster Fyans）警察長官は、ジーロング（Geelong）でアボリジナルが海岸に向かって魚を追い込んできたイルカと協力して魚をとっているのを見た。同様の関係がモートン湾（Moreton Bay）やほかの多くのオーストラリアの海岸でも報告されている。(6)

全国からさまざまな漁法が報告された。ジョン・マクドゥアル・スチュアート（John McDouall Stuart）は地方町でももっとも厳しい地域で簀立《すだ》て漁をしている人たちを見た。(7)

ビクトリア州の南西部にある鰻を捕獲するための巨大な合流地点であるコンダー・システムは、何世紀もかけて改良を重ねたに違いない。石は簡単に手に入れることができたが、あまりにも数が多かったため、それらの間に大きな高架橋を作らなければならなかったし、岩や土を通って溝を掘る必要があった。近代的な機械を使って今日再現したとしても、膨大な時間がかかる大変な作業となるだろう。

ブレワリナ魚捕獲罠での漁（97ページ参照）。（パワーハウス博物館）

ブレワリナ

ニューサウスウェールズ州北西部のブレワリナ（Brewarrina）漁業システムは、大規模な漁業活動の一例だが、漁業の維持に必要な経済的・社会的組織も明らかにしている。

魚捕獲用の罠システムは非常に古いため、地元のアボリジナルの人々ゲンバ（Ngemba）は、創造主なる精霊バイアミ（Baiame）が作ったとしている。この途方もない建造物について多くの情報を得るのは難しいが、２０１２年にシドニーで開催されたアボリジナルの言語に関する会議で、私はブレワリナの長老ブラッド・ステッドマン（Brad Steadman）に会った。彼は、この罠に私が興味があると聞き、伝統的な物語を一つ話してくれた。

ブングラ（Bunggula）〔黒鯛〕は、水から出ると唸《うな》る。背中の棘は老人のバイアミが投げた槍で、彼は水たまりでブングラをとったのだ。魚は逃げて、尾びれを開きながら水路を作り、それは水で埋まり川になった。しかし、国は干上がり、カンガルーは姿を消し、植物は枯れ、大干ばつが起こった。老人は犬と息子たちを連れて帰ってきて、干ばつが起きたのは人々が掟も川の名前も知らないからだといった。彼は、雨が降って今のようになるように、歌うべき歌と踊るべき踊りを教えた。

この川はできてからわずか5000年といわれるが、老人たちは岩（火山の岩）がいつもそこにあったという昔の話を知っている。ブングラは老人の槍から逃げながら岩を掘り起こした。その老人は人々にその岩を並べ模様にする方法を教え、今日もそのままになっている。

1800年代初頭にこのシステムが作動しているのを見た証人は、捕獲罠の効率性、繁殖用の魚を維持するためのこの地域の人々の努力、そしてその収穫量の莫大さに驚いた。内陸河川の大半では、多くの人々が魚捕獲用の罠に頼っており、ブレワリナの罠は数百あるこのような罠の一つにすぎなかった。溝と池の工学は独創的であり、見た人はその構造がいかにして定期的に起こる洪水に耐えたかに驚いた。罠を小川の川床に固定するために、石のロックシステムが工夫された。アーチと要石がその強度を生み出した二つの要素だった(8)。

私が町を訪れたとき、ブレワリナ・アボリジナル博物館の学芸員は、毎年の収穫に参加した5000人以上の人々をまかなうための物資運用のための計画について声高に疑問を口にした（初期の探検家によって盗まれた製粉された小麦粉の貯蔵庫は、おそらくそのような催しのために準備されていたものであろう)。

ブレワリナの罠が地球上で最古の人間の建造物であるとする主張の統計的根拠を得るのは難しい。罠についての記載はわずかで、一つは1983年のニューサウスウェールズのアボリジナルの健康に関する会議で発表されたバリー・ライト(Barry Wright)の論文にもとづく3ページの小論文だ。考古学チームは4万年前のものだと推測したが、彼らの分析の性質を考慮すると、それは最小限の推測であると考えられた。[9] これらの罠は、その古さにもとづいて、州と連邦の遺産リストに掲載されている。

ジャネット・ホープ(Jeanette Hope)とゲイリー・ヴァインズ(Gary Vines)が1994年におこなった調査では、この罠は低水位の時期に作られた可能性がもっとも高く、1万5000年から1万9000年前、あるいは最近となると3000年前のものということになるだろう。[10] いずれにしても、それらは非常に古く、人類史上もっとも早い建造物に数えられる。

ブレワリナ・アボリジナル博物館学芸員は、現在公けになっている研究の概要を説明し、罠の見学を許可してくれ、博物館の展示物の案内をしてくれた。罠を使っている写真でもっとも驚いたものは、罠から魚を運んでいる2人のゲンバ(Ngemba)の若者が写っているものである。1匹は体長1メートルほどで、尾が独特のツバメの尾の形をしていた。それ以来、この種の魚は川で記録されていない。たしかに、ダーリング川の流れを変えてパドルスチーマー[外輪船]の道を切り開き、多くの地点でせき止めたことで、複数の魚種の生活環が分断された。ステッドマン（Steadman）によると、写真の魚はビリンギ（Birrngi）という骨太な鯛の一種で、今では姿を消しているようである（94ページの写真参照）。

罠はまた、上流でも魚の分け前がとれるように、繁殖種の通過を可能にするように設計されていた。システム内の特定の池は、特定の家族によって管理され、利用されていたが、これらの家族は、その場所の上流および下流の家族およびシステムに魚を安全に供給する責任を負っていた。それは統合された持続可能なシステムであった。

歴史家のピーター・ダルギン（Peter Dargin）は、１９７６年にブレワリナ歴史協会のために魚の罠に関する本を執筆した。ゲンバの信仰の体系に関する情報と、当時入手可能だったもっとも包括的な技術データを組み合わせているため、これは貴重なものである。R・H・マシューズ（R. H. Mathews）の言葉を借りれば、洪水で石が流されないように石を固定するシステムを説明したのはダルギンだった。その技術についてのより詳細な情報は、ゲンバの工学的な技術へのより大きな洞察を可能にする。

ダルギンは同書に異文化との最初の接触期の素晴らしい絵と写真を掲載した。最近の写真には蒸気船のための水路、レガッタのための平らな場所、草原、道路によって破壊されたシステムが写されていることを考えると、これらの写真は水文学《すいもんがく》を理解する上で非常に重要である。

この素晴らしい小さな本は、この古代遺跡について唯一傑出したものだ。それはわずか70ページ

ブレワリナの魚の罠の初期の写真。(ヘンリー・キング)

の中綴じである。ガムテープで留めてホチキスの針を隠している。表紙は黒一色で、その裏面は真っ白だ。この本以上に安く本を作ることはできないだろう。ピーター・ダルギンとブレワリナ歴史協会に感謝したい。彼らがいなければ、その魚の罠の古さは世に出ないままだったかもしれない。

ルパート・ゲェリッツェン(Rupert Gerritsen)の重要な著作も同様に装丁されており、オーストラリア人が興味を示さないため、ロンドンで出版しなければならなかった。彼の作品もダルギンの作品も、オーストラリアがアボリジナル文化に対する考慮すべき重要な事柄に無関心であることを示唆している。

アボリジナルの技術についてはまだ理解すべきことがたくさんある。もし研究によってブレワリナの魚の罠が人による最初の建造物であるという主張が支持されるのなら、それは非常に重要なことである。それが明らかになるまでにまたさらに220年はかからないことを願っている。

コンダー湖と西部地区

逃亡した囚人ウィリアム・バックリー（William Buckley）は、1836年以前にコンダー湖の魚の罠を訪れ、捕らえられた魚の量を見て絶賛した。ポート・フィリップ・ベイの西側の土地の小川には、ほかにもいくつかの魚を捕らえるシステムがあったのを彼は見ている。[11]

バットマン（Batman）はビクトリアへの探検をはじめたとき、立ち寄ったすべての川に魚の罠があるのを見た。彼はシステムの巧妙さを絶賛し、恒久家屋との関係を記録した。[12]

モリエソン（Morieson）はアボリジナルの人々が石を並べることについて記述した原稿のなかで漁業についてのドーソン（Dawson）の回想を引用している。

ボローケ湖（Lake Boloke）（Bolac）は、鰻の質の高さと豊富さで西部地区でもっとも有名な場所だ。そして、秋の雨によりこれらの魚が湖から去り、川を下って海に行くと、アボリジナルの人々は遠くからそこに集まる。それぞれのトライブ集団が川の一部を割り当てられ、それぞれの家族によって開口部に鰻用の籠を備えたいつもながらの石の柵が建てられる。[13]

モリエソンは、ビクトリア州西部にある多くの魚の罠と、ビクトリア州考古学調査によるそれらの漠然とした調査を記録している。柵、商業目的、家庭菜園のための採石や農業によって多くが破壊されてきたが、テラングポム湖（Lake Terangpom）地域をゆっくり歩いてみると大きな堤防があり、定住していた多くの人々の栄養のために、堤防で網や堰を使って魚を取り込んでいることがわかる。このシステムの上の丘には古代のリンゴの木があり、それはヨーロッパの入植者によって植えられたものに違いないが、入植者は、どう考えても、土地の所有権を横領したのだ。あのリンゴ好きの連中は今はもう行ってしまい、彼らの定住はほんの一時的なものにすぎなかった。

グナープト湖（Lake Gnarput）、コランガマイト湖（Lake Corangamite）、パランベット湖（Lake Purrumbeet）、コーラック湖（Lake Colac）では、魚群を収容するための湾として使用する四角い罠を容易に観察できるが、これらのシステムを調べる研究はほとんどおこなわれていない。しかし、ミランギル湖（Lake Milangil）近くの有袋類の通路については多くの研究がおこなわれてきた。これらは並外れた遺跡で、たしかに世界最古で最大の街道である。巨大ウォンバットとそれらと同類の今日も生存する小型有袋類がこの地域に共存していたようだ。これはどの基準に照らしても魅力的だが、1キロメートル以内に人類の足跡を示す考古学的な宝物が見つかるかもしれない。

幸いなことに、人間は常に、眠っている犬を放っておくことができない精神をうちに秘めている。勝利者たちが何を隠そうとしたのかを明らかにするために、オーストラリアのバイユーのタペストリーの縫い目をほどこうとする人たちもいる。モリエソンは好奇心から、何十年もの間、ビクトリア州西部地区を放浪することに駆り立てられてきた。彼はビクトリア州考古学調査によって研究された石の配置の数を記録した。そのうちのいくつかは国家遺産の登録簿に登録されていたが、農業、悪意、または無知によって破壊された。すべての痕跡が消滅する前に、アボリジナルの漁場とそれに関連する住居についての石造りの調査が不可欠だ。

オーストラリアのジョン・ハワード（John Howard）首相（当時）が先住権原（Native Title）の主張によってすべてを台無しにされると信じさせ農民たちをパニックに陥れたため、一部のコンダー湖の漁場は深刻な被害を受けた。多くの場所での残虐な破壊を考えると、モリエソンのカタログとチャートは貴重な資料である。

この記事を書いている時点でも、西部地域の牧草地にある火山石を砕く巨大なローラーが稼働している。一方では、それは単純な牧草地改良だが、他方では遺産の破壊だ。ローラーのオペレーターは「いわれたことをしているだけ」だが、ストーン・ヘンジやイースター島であればそれはできないはずだ。

これらのシステムの破壊は、ごく初期のヨーロッパ人によって目撃された。アボリジナル保護官ウィリアム・トーマス（William Thomas）は多くの水産養殖システムを見たが、ほとんどは到着後最初の数日でヨーロッパ人によって破壊されたと報告している。破壊されたシステムの一つは、ポート・フェアリー（Port Fairy）の近くの特に大きな村にあった。この村には30軒以上の住居があり、およそ200人から250人を収容していた。村は全焼し、その漁場の水門は破壊された。(14)

ビクトリア州のグランピアンズ（Grampians）の近くにあるトゥールンド（Toolondo）で入植者が見たもう一つのシステムは、二つの沼を一つの水路に接続したものだった。幅3・6メートル、長さ1・2キロメートル以上の水路だ。釣り台がシステムを取り囲み、各区画を特定の家族が所有していた。

スー・ウェッソン（Sue Wesson）は、『東部ビクトリアと極南東部ニューサウスウェールズのアボリジナルの歴史地図（*An Historical Atlas of The Aborigines of Eastern Victoria and Far South Eastern New South Wales*）』のなかで、カーモディー（Carmody）がマレー川で見た漁業について次のように語っている。

魚の捕獲用罠は特にトライブ集団間の集会のときに使われ、マレー川上流は、これらの大きな集会が定期的におこなわれるセンターの一つだった。参加するトライブ集団に十分な魚の供給を保証するために、魚捕獲の罠は、集会の12か月前に特別な楔状の石で閉じられる。これにより、小魚は通過し、成魚はとどまり、後に「収穫」されることになる。加えて、集会の際に野生の獲物を確保できるように、周辺の田園地帯は手つかずのまま残される。[15]

ゲェリッツェンはこれらの漁業システムと、北米の太平洋岸北西部の河川に見られる同様の仕組みで支えられた経済とを比較した。この北米の地域のネイティブの人々は、食糧生産と社会の複雑さを増大させ、それによって単純な狩猟採集システムから脱却した集団の一つとして認められている。[16]

入植した人々が、設計された漁法について評価することに消極的で、ネイティブによる土地の主権を過小評価することは、オーストラリアに限ったことではない。米国とカナダの研究者たちは、何世紀も前から北米のファースト・ピープルズの魚捕獲網システムを知っていたが、カナダのファースト・ネイションの人々が浜辺から遠く離れた所に岩壁を作って既存のハマグリ床を拡張していることを発見したのは、ようやくこの10年だった。

既存の資源のこうした集約に関しては、このことについて研究した最初の一人であるジュディス・ウィリアムズ（Judith Williams）が書いている。[17]「そこにあるものを向上させるという、すべての畜産の基盤」と彼女は説明している。

この地域のファースト・ネイションの人々はすでにこの二枚貝の「庭園」を知っており、まだ使用しているところもあった。しかし、ウィリアムズは、ブリティッシュ・コロンビア遺産保護局が人間による何百もの改変された跡を一度も調査しておらず、個人の考古学者の分析の後に調査を拒否したことを知り呆れてしまった。拒絶したのは、ファースト・ネイションの歴史についての「文献に載っていない」というただそれだけの理由であった。[18]

考古学当局は、ネイティブ・アメリカンが良くいっても複雑な狩猟採集民、悪くいうと「裕福な腐食清掃人」であり、「農耕社会に関連した洗練された文化的発展ができない」と主張した。[19]「狩猟採集民は、土地所有権に対するもっともあやふやな主張しかできないと考えられていた」というのが通説だった。[20]

この集約の側面が明らかになるのをさらに阻んでいるのは、二枚貝の庭園は女性と子どもが作り育んでいたものであり、そのような知識は男性の考古学者には決して明らかにされなかったということだ。この貝園の技術が独立した科学者によって調査された後でさえ、その結果を受け入れることに大きな抵抗があった。このような重要な建造物は初期の考古学者が見逃してはいけない内容だったと考えられる。

しかし、オーストラリアでの場合、このような構造物は探検家と入植者が残した日誌や日記のなかにあった。『オーストラリアと農業の起源（*Australia and the Origins of Agriculture*）』のなかで、ゲェリッツェンは、なぜアボリジナルとトレス海峡諸島の人々のこのような漁場の軌跡を認めるのに時間がかかったのかと問うている。オーストラリアの過去をより熱心に検証することで得られる知識は、単にアボリジナルが以前に所有していたことを認めることだけでなく、オーストラリアの農業の存続と魚種の保全にとっての重要な探索でもある。

ビクトリア州西部の漁法でとれた魚の一つに、ガラクシス（galaxis）がある。アボリジナルの人々はそれをトゥプルン（tuupuurn）と呼んでいて、彼らは何千年もの間、この魚を養殖してきた。[21]マレー（Murray）はコーラックに着いて最初の数時間で、この小さな魚でいっぱいになった網を盗んだ。彼はその魚の肉が美味しいことを書いていたが、その後の数年間、近隣の人々を結集して、この魚が繁殖されていた河川システムの本来の所有者から土地を取り上げ、手に入れたものを祝った。その後、この魚は生息地である湖が農業や工業により汚染されたので姿を消している。

ビクトリア州の考古学調査団は、1990年代後半にコンダー湖の石の配置を調査し、住居の跡ではないという見解を発表した。この地域の初期の探検家や入植者がこのような住居を鮮明に描写していたにもかかわらずである。同じく考古学者のヘザー・ビルス（Heather Builth）はこのようなぞんざいな調査を批判し、彼女自身で徹底的な研究をはじめた。

水路は人工の建造物に見えたが、専門家たちは水文学的観点から機能するとは信じなかった。構造物は堰の周囲に広がった小さな丸い住居のように見え、20世紀への変わり目にポート・フェアリーの近くで見られた謎の難破船、マホガニー号の生存者がこのシステムを作ったという推測を含め、その起源についての憶測は多岐にわたっていた。地元のアボリジナルの人々は、それらを創造するのに十分な工学的な技術やエネルギーの知識を持っていたとは判断されなかった。1970年にこのシステムが氾濫したとき、研究者たちは、システムのすべての部分に水が確実に供給されていることと、水を引いたときには池で魚を捕獲するのに理想的であることに驚いた。

ビルスは、カナダのジュディス・ウィリアムズ（Judith Williams）のように、科学だけが懐疑的な人を納得させることができることを知っていた。彼女は住居のような構造物の石を一つ一つ量って測定し、その結果を分析し、そのような複雑さを生み出すことができたのは人間の作用だけであることを発見した。したがって、それらがもし住居であれば、そして水路が漁業システムであれば、およそ1万人くらいが多かれ少なかれ、この町で定住生活を送っていたことになる。

ビルスは、証拠として西部地方全体に同じような構造があることに気づいていた。何が起こっていたのか？　これだけの人口がそこに住んでいたら、食糧の需要は極端に大きくなるだろうと彼女は考えた。この町に関連した何らかの食糧保存の形態がある必要があった。

彼女は作業現場の近くにあった木の空洞に目を向け、すぐにそれがすべて暖炉として使われていることがわかったに違いない。底の土を分析した結果、鰻の脂肪が明らかになった。これらの木筒は燻室として使われており、膨大な量の魚がこの方法で燻製にされた可能性が高く、ニューサウスウェールズ州、南オーストラリア州、およびビクトリア州のほかの地域との貿易の基礎を形成していた可能性があるとビルスは推測している。

ビルスは研究中、地元のグンディッジマラ（Gundidjmara）の人々による案内を受けた。彼らはどの建造物が何を表しているかについて知っていたが、彼女は彼らの意見は求めなかった。彼女はまた、別の科学者であるピーター・カーショウ（Peter Kershaw）の協力を得て、この複合施設の時代を探ろうとした。カーショウは、それが約８０００年前のものであるという結論に至った。このとき、コンダー湖の周辺地域は浸水しはじめていたが、おそらく、水路の建築によって、それまで引いたことのなかった場所に水が引かれ、堤防周辺の植生システムが完全に変化したのだ。

この養殖場の歴史は世界でもっとも古いものの一つであり、多くの科学者がオーストラリアで集約がはじまったと主張する時代より前のことだ。

ビクトリア州の考古学調査チームは、アボリジナルの発展について彼らの想定によって制限しているように見えた。それは、アボリジナル文化についての多くのにわか研究者が探検家の日誌を読んでいないように見えるのと同様だ。もし読んでいたら、彼らはアボリジナルの経済分析においてカンガルーを狩る槍や採掘棒の研究以上のことをおこなっていただろう。

１９８７年にはアボリジナル経済の経験豊かな研究者、フレデリック・ローズ（Frederick Rose）が『オーストラリア・アボリジナルの生産に関する伝統様式（*The Traditional Mode of Production of the Australian Aborigines*）』を書いたが、このなかで彼はアボリジナルの経済を詳細に分析している。しかし、釣りについての考察では、彼は魚の槍と貝の収集しか見ていなかった。異文化との接触の歴史でたくさんの言及があるにもかかわらず、罠や網についての言及はなかった。

ローズがオーストラリアのアボリジナルを狩猟採集民の分類に入れようと決意しているように見えるのは彼の著書で水産養殖について言及する箇所だけではなかった。それは意図的にも見えるが、定住について語っている箇所では住居だけしか言及されていなかったからだ。同様に、彼の小麦粉生産の研究は穀物収穫の規模の巨大さに言及していない。彼は穀物を製粉して選別するのに必要なとてつもない労力について話しているが、その作業の規模については言及していないのである。スタートが、夕方に何百という製粉機で穀物を粉にするヒューーという音がすると記述しているにもかかわらずである。[22]

１８８０年以降、アボリジナルの食糧生産が集約的におこなわれていることを記述した本を目にすることはまれだ。魚捕獲システム、または穀物や塊茎の製造等についてもそうである。それはまるで歴史家や研究者が暗い調査室に入り、その後ろのドアをしっかり閉めたかのようである。ヘザー・ビルス（Heather Builth）や辛抱強いグンディッシマラのような人々に感謝する。アボリジナルが産出したものはたくさんあり、色々な規模の定住があるものの、探検家の日誌や彼らの観察記録を読んだ人たちがオーストラリアのアボリジナルの人々は単なる狩猟採集民にすぎないと主張するのは信じがたいことだ。

ゲェリッツェンの『オーストラリアと農業の起源（*Australia and the Origins of Agriculture*）』のレビューで、ローランドス（Lourandos）は、ゲェリッツェンが狩猟採集民、複雑な狩猟採集民、農耕民といったレッテルに大きく依存しすぎていると非難している。ローランドスは、レッテル貼りよりもプロセスの方が重要だと主張している。

しかし、アボリジナルの収穫技術に関する事例の数は、アボリジナルの働きを過小評価する仮定に異議を唱えることを私たちに促している。アボリジナルとトレス海峡諸島民の漁業システムは、複雑さに違いはあるものの、オーストラリア全土で見られ、多かれ少なかれ定住的な職業と関連していた。人類学者で動物学者のドナルド・トムソン（Donald Thomson：1901-1970）は、ケープ・ヨーク北部の漁網と籐の柵の構造と彼が撮影した草の柵は機能性だけでなく、美しさも兼ね備えていたと述べている。

たとえば、トムソンはグライド川（Glyde River）の複雑な罠を撮影して説明した。河川敷に立てられた杭の頑丈な壁の後ろには、籐でできた台が立っていた。彼の写真には、二つの大きなペー

クイーンズランド州の漁業システム。（D. F. トムソン）

パー・バーク〔カユプテの木〕の樹皮でできた桶がヤシの茎で縫いつけられているのが写っている。ペーパー・バークの樹皮の斜面路では水が柵を通って桶のなかまで運ばれる。男たちは桶のなかに入り、斜面路に向かって腰の深さまでつかり、竹の台の上に魚が乗ったときに魚をとる。これをアボリジナル学専攻の学生たちに見せると、まるで私にからかわれているかのように驚いてこちらを見る。オーストラリア人は、片足で立って手に槍を持ち、棚ぼた式にやってくるカンガルーを待っているアボリジナルの男性の石膏像を作るが、これはアボリジナル工学の民族学的証拠をほとんど無視している。

――＊――

ミッチェル（Mitchell）はダーリング川（Darling

River）のパーカンティ（Paakantiyi）の巨大規模の漁場について述べ、ボガン川では、巧妙な罠を仕掛けた女性たちが用いる興味深い方法を見た。「水しか通せない長くてねじれた乾いた草でできた移動式ダムを池の一方の端から他方の端に押しやり、すべての魚を自然と捕獲する」[23]。

メアリー・ギルモア（Mary Gilmore）の証拠は一部の学者によって過小評価され、女性であり詩人であることが、彼女の主張の妨げになったのではないかと思う人もいる[24]。アリス・ダンカン＝ケンプ（Alice Duncan-Kemp）の著書もまた、単に彼女が女性だったという理由でしばしば却下されている。彼女はビドゥリー（Bidourie）でのアボリジナルの生活に関する１００万語におよぶ著書を書いているが、オーストラリア文学史で唯一記憶されているクイーンズランド南西部出身の作家は、草原のバラード歌手バークロフト・ボーク（Barcroft Boake）である。些細なことのように思えるかもしれないが、ダンカン＝ケンプの直接観察を除外することは、過去についての私たちの理解を損なってしまう。

ギルモアはまた生涯で目にしたことや、家族が話したことを思い出し記録していた。彼女の記憶は明瞭で詳細で、ニューサウスウェールズ州やクイーンズランド州南部でおこなわれていたさまざまな漁労の方法や場所を網羅している。

初期の調査人モーティマー・ウィリアム・ルイス（Mortimer William Lewis）は、ノーザン・テリトリーのワーバートン川（Warburton Creek）で、トライブ集団が定住を可能にするほどの永続性のある魚捕獲設備を見た。一方で、デイビス（Davis）とマッキンレー（McKinlay）は、バーク（Burke）と

ウェルズリー島の魚捕獲用の罠。（コナとジョーンズ）

ウィルズ（Wills）隊の捜索中にストルゼレッキ砂漠（Strzelecki Desert）で大量の魚が収穫されているのを見た。[25] スタートは流れるほとんどすべての川で堰と水門を見ている。恒久的な漁業は、国のいたるところで、アボリジナル経済を確立した要素であった。

トムソン（Thomson）のアーネムランドのアラフラ湿地（Arafura Swamp）でのカヌー作りと野鳥の狩猟の記録は映画『10隻のカヌー（*Ten Canoes*）』で称賛されたが、舟による大規模で組織化された釣りの遠征は海岸のいたるところで観察されていた。

人類学者で建築家でもあるポー

ル・メモット（Paul Memmott）の記録によると、1995年には、カーペンタリア湾にあるウェルズリー島（Wellesley Island）とその近くの本土沿岸で、334以上の魚の罠が見られた。(26) カイアディルト（Kaiadilt）クラン集団はこれらの罠で獲る魚で生活していた。そして、数えきれないほどの小さい魚の種類に加え、罠でとれた魚の名前を挙げると、サメ4種とアカエイ2種だった。

アワビ

パースのすぐ南から、タスマニア島とその島々を含む南海岸を横切って、西はビクトリア州東部のギプスランドまで、北はニューサウスウェールズ州のウーロンゴンまで、オーストラリアの海岸はアボリジナルのアワビ収穫を支えた。

ビクトリア州沿岸地域で見つかった女性の遺骨には、耳に奇妙な骨の成長が見られた。科学者は、極度の寒さから耳を保護するために骨が厚くなったことを確認した。しかし、女性たちはアワビを求めて潜水していた。(27) 医者が「サーファーズ・イヤー」と呼ぶものになっていたのだ。

クレイ・フィッシュ［ロブスターに似た甲殻類］とアワビ捕獲のための潜水は、南部沿岸経済の重要な一部だった。女性だけが潜水をしたわけではないが、タスマニアとビクトリアでは、主に女性が貝類を採取していた。

ケーライウーロン（Keeraywoorrong）の長老、アンクル・バンジョー・クラーク（Uncle Banjo Clarke）

は、クレイ・フィッシュを網にかけ、槍で突いて捕獲する工程を説明してくれた。もっとも興味をそそられたのは、岩礁まで泳いでいき昆布にしがみつき、クレイ・フィッシュの触角を足で感じる方法だった。その後に潜って触角をつかみ洞窟からクレイ・フィッシュを引っ張り出す。

オーストラリアでは巨大な魚の宝庫に入るのは一般的であり、それらを収穫する方法はさまざまだった。いくつかの漁場は非常に大漁であったため、多くのそういった地域社会では、魚捕獲場所や漁場の近くで、住民は定住的または半定住的な生活を送ることができた。

南ニューサウスウェールズ州エデン（Eden）地区の女性たちが『アワビ（*Mutton Fish*）』という本を書いているが、ユインと近隣のファースト・ネイションがアワビ捕獲に依存して生活していることを記録している。(28) この貝はオーストラリアのこの沿岸地域の食べ物で好まれる高タンパク質の食品だった。

アワビの貝殻は、美しい虹色真珠である。これは伝統的な宝石を作るのに使用されたが、壊れやすいために、生息地では過小評価されている。タンパク質は少ししか含まれていないだろうが、サザエ（warrener）やカサガイ（bimbula）の貝殻の方がはるかに普及している。

考古学者が測定できるのは発見したものからだけなので、クレイ・フィッシュ、キス、サメ、アワビ、ウニ、フエダイなどの柔らかい骨や殻を持つ生物は、アボリジナルの海洋経済の調査では過小評価されている。

ヨーロッパからの移住者はアワビを敬遠し、軽蔑してマトン・フィッシュと呼んでいた。英国料理はあまり評判が良くないが、植民地の料理人たちはアワビにとってもっとも形容しがたい料理法、すなわち煮込みを適用した。アワビの身は、このように処理すると工業用ゴムのような食感を帯びる上、ほかに頼る調理法もなく、「マトン・フィッシュ」は「黒人（blacks）」の食べ物と考えられていた。中国人と日本人はほかの料理法を知っていた。彼らは身を叩いて細かく切り、フライパンで30秒以内で手早く調理していた。この方法で処理すると、肉は繊細で柔らかく、風味豊かになる。

あるアボリジナルのレシピでは、アワビを殻ごと熱い石炭の上で調理することを勧めている。この状態では肉が硬くなると想像して試してみたが、柔らかさは保たれ風味も増していた。

オーストラリアに住む中国人がアワビの肉を輸出していることを知った起業家たちは、第一次産業省に対し、ライセンス、割当、カルテルのように運営される閉鎖的な販売委員会を制定するように働きかけた。

アボリジナルの人々は今では、単に貝類の価値が非常に高いために密猟者と見られている。かつて「マトン・フィッシュ」と呼ばれていたときは、好きなだけ収穫することが許されていた。今日彼らは伝統的な方法で収穫を追求すれば投獄される。

船舶

初期の帆船1隻がバス海峡でひどい嵐に見舞われた後、ビクトリア州のオトウェイ岬（Cape

Otway）をノロノロと進んでいたとき、岬の陰になった穏やかな箇所でたくさんのカヌーが漁をしているのを見て船長は驚いた。すべてのカヌーはガダバヌドゥ（Gadabanud）の女性が操っていた。ナルーマ（Narooma）のニューサウスウェールズ州の海岸から9キロメートル離れたモンタギュー島（Montague Island）を占有する際は、カヌーで交渉する必要があった。海面が低くならず陸地からアクセスできなかったためだ。地元の人々が語り継いでいる物語の一つは、島からの帰路で突然のスコールに襲われ、カヌーの船団が転覆したという恐ろしい悲惨な出来事だ。

ポートランド近くのビクトリア州の海岸から10キロメートル離れたレディ・ジュリア・パーシー島（Lady Julia Percy Island）も、海面が低い時期であっても近づくことができなかった。しかし、アボリジナルの人々によって広く占有され、ディーン・マール（Deen Maar）と呼ばれた。

船はアボリジナルおよびトレス海峡諸島民の水産業にとって重要な道具であった。ロットネスト島（Rottnest Island）は、フリーマントルから西オーストラリア州の海岸沖18キロメートルの場所にあり、約1万2000年前には陸路で到達することができていた。しかし、考古学者が現在調査中の遺物のなかには、6万年前のものもあるといわれている。膨大な海産物資源に魅せられて、この島への航海が計画されたに違いない。

ロビンソン（Robinson）はおそらくもっとも感動的な筆致で、マレー川で夜釣りをしている船隊をテナリフ（Teneriffe）の港にたとえ、ベバリッジはその船隊について、「この船隊はその古風な趣きがあまりに印象的で、そのシーンは芸術家が描くにふさわしかった」と語っている。(29)

2015年ブロゴー川で作られたカヌーとユイン・グランジの人々。（スティーブン・ミッチェル）

アウトリガー〔舷外浮材〕付きのカヌーは国の北部とトレス海峡諸島で建造されたもので、遠海魚を捕まえるために海の方まで行くのがよく見られた。(30) 小さな帆も、魚釣りと網釣りの際に海洋カヌーに使用される。内陸の水路では、カヌーは川を渡るときの平底船として使われ、探検家たちはしばしば、カヌーだけが発見を目指した冒険を継続するための唯一の方法だと表現した。オーストラリアの水路の初期の写真の多くには、さまざまなカヌーのデザインと、それに関連する捕獲網や罠が写っている。

ニューサウスウェールズ州南岸のユインの人々は、カヌー作りの伝統を再導入した。ブロゴー川（Brogo River）の土手で作られたものを含め、いくつかの素晴らしいものが製造された。

２００９年、ケープ・ヨーク半島のロックハート川（Lockhart River）にパスコーの一家を訪ねたとき、漁業に関わる人の多さに驚いた。どこの裏庭にもアルミ製の小型ボートがあるようだった。東海岸のケープのいくつかのコミュニティでは、ジャングルや平原で野菜や果物が採れ、それらを収穫しているが、彼らの目は常に海に向けられている。

ステファニー・アンダーソン（Stephanie Anderson）は、フランスの船乗りペルティエ（Pelletier）に関する素晴らしい本を翻訳した。ペルティエは、１８５８年にこの沿岸地域で漂流し、地元のアボリジナルとしばらく一緒に暮らした。彼女の記録から、アボリジナルが海産物に早くから依存していたことがうかがえる。ペルティエはまた、乾季に食糧供給を確保するための人々のヤム・イモ生産の管理について考察しているが、人々が栄養と文化的な安堵を得ていたのは主に海だった。

オーストラリアの初期の歴史は、アボリジナルの船舶技術や漁法への言及であふれているが、オーストラリア人はその知識やアボリジナルの経済全般に対して奇妙なほど無関心のままだ。

アボリジナルの文化、精神性、経済についてのほかの理論を、ニューエイジの書籍や過度に熱心な研究者の本で読むことがあるだろう。しかし、彼らはしばしば知識の空白を埋めるために推測をしている。往々にして、彼らはあらゆる種類の神秘的な知恵を自分たちの主題に書き換えているが、彼らの熱心なロマン主義は不要だ。なぜならば、最初の探検家や入植者の観察にもとづく膨大な資料が提供されているからだ。この本では、オーストラリア人ならコンピュータのマウスを使ったり、図書館カードを使って誰でも手に入るもののうちごく一部の例を使っている。しかし、私がこれほど多くの例を挙げてきた理由は、入手可能な資料の奥深さと、私たちの歴史の改訂の切実な必要性を強調するためだ。

3

人口と住居

本書で引用する雑多な証拠を収集することは、退屈で度を過ぎた作業に思えるかもしれない。また、アボリジナルの住居に言及することは、オーストラリア人の意識からかけ離れているため、一つか二つの例を読んだだけで、人々はそれらを異常な行動として見るようになるかもしれない。これら住居についての文化的な発展の広範な特徴を示すために、私は大陸中の事例を扱ってきた。

遠くキンバリーからケープ・ヨーク、ハット川（Hutt River）からタスマニア、ブレワリナからハミルトン（Hamilton）まで、住居と村落を観察できた。定住用の住居は、異文化との接触前のアボリジナル経済の特徴であり、農耕依存への動きを特徴づけている。これらの村落は単なる機能的な業務センターではなく、しばしば困難な地形や気候のなかで、慰めと安らぎの場所でもあった。

新しい例は常に発見されている。考古学者たちは現在、「オーストラリアの死せる中心地」にある複雑な村落の遺跡を調査しており、そこでは先住民が複雑な水管理システム、洗練された住居、石材採掘、種子の製粉と貯蔵の手配をしていた。ここは環境を管理するための工学的な技術を採用した主要な文化サイトである。オーストラリア国内にある何百もの類似する場所を調査することは同時に、オーストラリアの社会的、経済的、文化的な歴史についてまったく異なるイメージを提供する可能性がある。オーストラリアの過去に対して真摯に関心を寄せることで、この国に住み環境を守ろうとする私たちの試みに豊かな知識の道筋を与えてくれるだろう。

スタートの救い主

チャールズ・スタート（Charles Sturt）がオーストラリアに到着したとき、内陸部はヨーロッパ人にはまだほとんど知られていなかった。大陸の中心部へ進出しようとする試みは、地形と過酷な条件によって阻まれていた。

１８４４年から開始したスタートの遠征は、厳しい環境に妨害された。とても暑かったので温度計が破裂し、箱からネジがはずれ、鉛筆から芯が溶け落ちた。

スタートの一行は、後に「スタートの石だらけの砂漠（Sturt's Stony Desert）」として知られるクーパー川（Cooper's Creek）に到着し、高さ30メートルの砂堆に直面した。彼らは信じられないほどの苦難を耐え忍びながら前進した。スタートは最後の砂丘に登り平原を見下ろした。彼の日記には次のことが記録されている。

> 登頂したとき、３００人か４００人の原住民（natives）の耳をつんざくような叫び声で歓迎を受けた。彼らは下の平地に集まっていたのだ……こんなに大きな団体が突然やってきたのは初めてのことで、もっとも生き生きとしたシーンだったが、さらに印象的だったのは原住民（native）の小屋が周囲にあったことで、そこには多くの女性や子どもたちがいて、その小屋が平地の反対側にある長く盛り上がった地面の頂上全体を占めていた。(1)

スタートは川の乾いた氾濫原を見ていたが、この原住民（natives）の人々がどのように生き延びているのか理解できなかった。一行が病んで疲れていて、馬は空腹、渇き、疲労でよろよろしているときにたくさんのアボリジナルの人々に突然出くわしたことに彼は驚いた。

もしこの人たちが友好的でなかったら、我々はこの人たちから逃れることはできなかっただろう。我々の馬は、我々の命や自分たちの命を救うために、駆け出すことはできなかっただろうから。我々は完全に彼らの術中にはまっていた。……しかし、彼らはどんな不親切な感情を示すこともなく、我々を心からもてなしてくれたので、我々は彼らが持っているものはきっと何でも要求できただろう。彼らの何人かが大きな水の桶を持ってきてくれた。我々が少し飲んだ後、馬に水を飲ませるために少し持ち上げた。この勇気の実例は驚くべきものだ。というのは、（これまで馬を見たことも聞いたこともないし、そのような動物を初めて見たときに自然に感じる不安な気持ちを抱いている）どんな白人も恐るべき野獣のように見えるものの近くまでわざわざ歩いていかないと私は確信しているからだ。彼らは桶を抱え上げ、馬に飲めるようにしてくれた。このとき馬たちの鼻は彼らに触れそうだった。同じように、焼いたアヒルの肉とケーキをくれた。我々が彼らのキャンプに歩いていくと、彼らは大きな新しい小屋を指さし、我々がそこで寝ることができるといった。……そして（後で）彼らは我々が火をおこすためにたくさんの薪を持ってきてくれた。木が不足していたからだ。(2)

スタートは野蛮人（savages）の間でどうにか上手くやっていた。新しい家、焼いたアヒルの肉、ケーキなどを振る舞われながら。

『ダーク・エミュー（*Dark Emu*）』の初版のある読者が、私がアボリジナルの業績を捏造するために、資料をでっち上げたと考えたが、スタートの日誌は、――アボリジナルの女性の美しさは低く評価しながらも、彼がアボリジナルの人々を称賛していたことを明確にしている。しかし、ヨーロッパ人男性の先住民女性に対する考えには、偏見や秘した動機があった。

詩人のピーター・ゲブハルト（Peter Gebhardt）と技術者のマイケル・ペリー（Michael Perry）が、アヒルのローストとケーキの話を調べるために日誌を読んでくれた。そのテストの目的の一つは、スタートの経度と緯度を整理することだった。というのは彼は毎日は日誌をつけていなかったからだ。しかしながら1845年11月3日から4日、上記の事件は、今日のインナミンカ（Innamincka）のちょうど北東、南緯127度47分、東経141度51分において発生したと自信を持っていえる。

スタートは、同年にストルゼレッキ川（Strzelecki Creek）で見たいくつかを含め、多くの異なる場所で建造物を見たが、彼は多くのスケッチを描いた。その一つは幅14・5メートル、高さ2メートルの入口があり、屋根は厚い粘土で覆われていた。

別の地域では、頑丈な楕円形のアーチで作られ、枝で覆われ、「風や熱を通さないように粘土で厚く被膜された小屋」を見た。「これらの小屋はかなりの大きさで、隣接した所に同じようによくできたより小さい小屋があったが、明らかに住民の出発の前に一掃された」[3]。

その後、同じ旅で彼はいった、「我々が進むにつれて、原住民（natives）の道はますます広くなった。今や道は英国の道端の歩道のように広がっていて、十分に踏みつけられていた。板で覆われた小屋が小川に沿ってたくさん並んでいたので、我々が人口の多い国に向かって進んでいることは明らかだった」[4]。

彼は付け加えた。「村がある所では、これらの小屋は列を成して建てられ、一つの小屋の前に次の小屋が整列している。もう一つは、大きな小屋からそう遠くない所に、小さな小屋を建てる。これらは奇妙ではあるが普遍的な習慣のようであった」[5]。

スタートは、アボリジナルの創意工夫、建設、食糧生産の多くの要素に驚きと称賛を表明したが、彼の主な焦点は肥沃な地域を占領することのままだった。弟のエヴリン（Evelyn）は、スタートが発見した地域への牛の陸送にすでに関わっていた。

彼の野心が非常に実用的な性質であるにもかかわらず、日誌のなかで言及されているすべてのアボリジナルの偉業に対して、彼は敬意を表していたことがわかる。彼は弁解家でも大げさな同情者でもなく、５０００エーカー［20平方キロメートル］以上の土地を所有していたが、建物の規模と精巧さを証拠として、彼はその重要性を認識していた。

スタートが見たのと同じような木造フレームの建物は、おそらく60年以上も前に建てられたにもかかわらず、まだ１９７０年に建っていた。これらの家はそれぞれ遠く離れているため、牛や火による破壊から守られ、研究者たちはその大きさと永続性を目にすることができた。

1861年、初期の南オーストラリア州測量局長官ジョージ・ゴイダー（George Goyder）は、スタートが探検した多くの地域を旅し、多くの大きな建物に遭遇した。一つは「大きな構造物……南オーストラリア州ブランシュ湖（Lake Blanche）の南西の『集落』にある……キャプテン・スタートが説明したものと同様の方法で建設され、とても暖かく快適で、最大30人から40人を収容できるもの」であった(6)。

カール・エミール・ユング（Karl Emil Jung）とハウイット（Howitt）はともにエアー湖（Lake Eyre）の東にあるクーパー川（Cooper's Creek）にある「重い木製の丸太」でできた円錐形の小屋について報告した。トーマス・ミッチェル（Thomas Mitchell）はビクトリアのグランピアンズ山脈の近くのホワイト・レイクの近くでいくつかの大きな住居を発見し、コンダー湖の住民はフランシス（Francis）牧師に、ヨーロッパ人の到着以前に40人以上が共同体に住んでいて、その全員が同じ小屋に住んでいたと話した(7)。

ニューサウスウェールズ州イラワラ（Illawarra）地方の住居は、「全体が地元の木材と植物繊維で造られているとはいえ、しばしば非常に精巧で、大きさも形もアメリカ・インディアンのテピーに似ている」(8)。

砂漠の砂丘の過酷で困難な地形でも、スタートはアボリジナルの井戸や頑丈な住居に遭遇した。クイーンズランド州南西部のバーズビル（Birdsville）近郊にはいくつかの村があり、現在では辺鄙で人を寄せ付けない自然が、荒涼とした未開拓奥地として神話化されている。オーストラリア人の多くにとって、この地域がかつては多くのアボリジナルの人々にとって生産的で健康に良い環境だったと想像するのは難しい。

オーストラリアの最大の皮肉の一つは、スタートが2度死にかけた砂漠が、アボリジナルが平原を利用して洪水の分散、作物の栽培、穀物の収穫と貯蔵をおこない、多く住んでいた所であるということだ。辺境を通過した者は誰でも同等の人口を有する集団に気づいた。オーストラリアの詩人メアリー・ギルモア（Mary Gilmore）は、ブレワリナの魚捕獲の罠の周りに５０００人が住んでいたと彼女の叔父たちがいったと報告した。ビクトリア州西部には、１０００人以上の人口の町があった。スタート自身はダーリング川の土手に１０００人以上の人口を有する繁栄する町を見、ダンカン＝ケンプ（Duncan-Kemp）はブレワリナから遠くないファラーの潟（Farrar's Lagoon）に３０００人が住んでいたと断言している。[9]

このような目撃証言がオーストラリアの地理的・歴史的な伝承の一部になっていないことは驚くべきことだ。これがオーストラリアの妄想の粘り強さであり、不毛な国民的議論を助長している。２０１０年９月、民主労働党の立法評議会メンバーであるピーター・カヴァナ（Peter Kavanagh）は、ビクトリア州先住権原法案を非難し、遊動民（nomads）には土地所有権の概念がないと唱えている。彼は先住権原が「一つの集団に有利な人種差別のシステムをほかのすべての集団、すなわち非アボリジナルのオーストラリア人に対して押し付けている」と主張した。[10]

この汚点は私たちが付けた印の奥深くにあり、探検家たちが国の物語の一部として見たものを受け入れることができるまで、国の起源、性格、属性についての私たちの議論は無知によって妨げられている。その無知は、ヨーロッパ人が初めてこの国を訪れたときからはじまっている。ミッチェルやスタートのように啓発された人たちでさえ、１０００人以上が暮らす村や地平線にまで広がる穀物畑を見てきたにもかかわらず、彼らを「土の申し子（children of the soil）」「黒い友人たち（sable friends）」「砂漠の騎士たち（knights of the desert）」と呼ぶことで、植民地支配の婉曲表現に陥っている。[11] 50人以上のグループのうち40人を収容できるように建てられた住居を見て、両探検家は「小屋」や「あばら屋」といった言葉を使っているが、これがアイルランドの田舎であれば、農場付きの屋敷と呼ばれていただろう。

植民地の総督、測量技師、探検家たちの、アボリジナルの偉業を軽視しようとする強い気持ちは、現代のオーストラリア社会にまで根強く残っている。２０１１年11月、ラジオ・ナショナルの司会者アラン・サンダース（Alan Saunders）は、『オーストラリア建築の百科事典（*Encyclopaedia of Australian Architecture*）』の著者たちにインタビューしたが、第1章がアボリジナルの建築に捧げられたことに驚きを表した。彼はオーストラリア人がこの国の文化の側面を知らないままでいられるようにしたオーストラリアの学問と教育の根深さを不思議に思った。

気候変動、産児制限、課税、銃規制、スピード制限など、どの国も国民の間に否定論者がいるだろう。しかし、一般集団が明らかな歴史的事実から目を背け続けるのであれば、入植者の選択的意見を繰り返すに決まっている。広く受け入れられている知恵に疑問を投げかける研究者もいるが、異文化に接触する前のアボリジナルの経済を再考するかどうかは、政治家、教育者、そして最終的には一般の人々にかかっている。

アボリジナルの大きな人口は、オーストラリアの環境を操作し、植物を栽培し、これだけ多くの人たちが多かれ少なかれ定住生活を送ることができるほど大量の余剰食物を生産していた。よく踏み固められた道路は、スタートやグレイらが観察した人口の多さの証左となり、井戸や灌漑用ダムも同様だが、村のなかに連なっている住居も、彼らの産業を代弁していた。

定住や半定住のアボリジナル文化の新しい例が常に発見されている。マイケル・ウェスタウェイ（Michael Westaway）は現在、クイーンズランド州北部の込み入った村の跡を調査している。これらの村の様式は私たちの歴史物語の一部として受け入れる必要がある。

もちろん、すべてのアボリジナル集団が同程度に農業生産に従事していたわけではないし、すべてのグループが探検家が説明するような住居に住んでいたわけでもない。私はすでに、さまざまな気候帯にある地域から大規模な栽培活動の例を引用してきたが、そこから明らかになることは、これがアボリジナルの生活様式の中心部分であったということだ。

考慮しなければならないのは、人口の大きさや住居の規模や数だけではなく、同様にその強度、美しさ、心地よさである。過酷な環境での居住を可能にするために、計画的な特性が考えだされた。初期の探検で、スタートはダーリング川に70軒のドーム型の小屋がある洗練された村を見た。各小屋は、15人まで収容できる。

家屋は、中心で出会うように、地面の円に固定された強い枝で作られていた。その上には……草と葉の厚い継ぎ目があり、その上は粘土の硬い層で覆われていた。それは直径8フィート［2・4メートル］から10フィート［3メートル］、高さ4フィート半［1・35メートル］ほどで、穴は人が潜り込める程度の大きさだった。これらの小屋はまた北西を向いており、それぞれの小屋には、小さな小屋が添えられていた。(12)

低い出入口と内部で焚いているくすぶった火によって、ハエの侵入を妨げたのではないかと推測する人もいる。ポール・メモット（Paul Memmott）は、小さな出入口のある建物の照明の高さが低いこともハエ侵入の抑止力になっているのではないかと考えた。また、大抵のドーム型家屋は、防虫のために樹皮や木材またはマットで覆われた小さな扉を用いている。(13)

多くの初期の観察者は、町の美的バランス、気の利いた配置、社会的調和について述べている。スタートは、夕暮れ時のある町について記述している。

原住民（natives）は自分たちの仮設テントで夜遅くまで起きていて、女性たちは2個の石の間でケーキ用の種を叩いていた。彼女らが出すこの音はまさに機織工場での作業の音のようだった。長い火の列が並んだこの野営地全体が非常に美しく、そのそばに立っていたり、小屋から小屋へと移動していたりする原住民（natives）の薄暗がりのなかの姿は、劇中の素晴らしい場面のように見えた。11時にはみんなじっとしており、こんなにたくさんの人が集まっている所にこんなにも接近しているなんて気づかないだろう。[14]

彼らやほかのクラン集団の家に附属する小さな小屋は、貯蔵されていた農産物でいっぱいだった。これらの家屋に隣接する庭は、飼っている動物のおりとして使われていた。ここの人々は砂漠での生存に固執していなかった。彼らは繁栄し、豊かで楽しい生活を送っていた。

彼らは、家や庭の建設に莫大な資源を割り当てることによって、快適さを準備した。ガメージ（Gammage）は、ビクトリア州北西部の深さ2メートルほどの井戸に言及し、そこでは、小枝の束を意図的に「より合わせ」、井戸の上に配置して優雅な東屋を作り日陰を確保していたと述べている。[15]彼はまた、高さ2メートル、幅20メートルの土手が付いたものを含め、いくつかの大きな井戸を発見したガイルズ（Giles）の言葉も引用している。[16]もう一つの南オーストラリアの井戸は深さ3メートルで、湧水を出すため直角に操作する足元のシャフトが付いていた。シャフトの側面に穴を開けてアクセスできるようにしていた。これらの地域では、産業や技術革新によって水が確保されていたので、空き地や草原が耕作された。[17]

ミッチェルの暴露

トーマス・ミッチェル（Thomas Mitchell）はマレー・ダーリング川流域のグワイダー川（Gwydir River）沿いにあるもう一つの大きな村を称賛した。

一つの窪地を横切って、我々は原住民部族（native tribe）の小屋の間を通りぬけた。小屋は垂れ下がったアカシアとキャジュアリーナ（casuarinae）［モクマオウ属］をぬって体裁良く分布していた。同じような東屋が黄色の香りのいいミモザの下にあった。キャジュアリーナの深い木陰の下で孤立したものもあった。より密集して、3戸または4戸が集まり、一つの暖炉に面していたものもあった。それぞれの小屋は半円形、または円形で、屋根は円錐形、片側からは平らな屋根がポルチコ［柱廊式玄関］のように、2本の棒で支えられて前を向いて立っていた。それらの多くは木の幹に隣接しており、樹皮によって覆われていたほかの多くの部分とは違って、葦、草さらには大枝といったバラエティに富む素材で覆われていた。それぞれの小屋のなかは清潔に見え、雨のなかを通りかかった私たちには、単なる雨宿りの場所としてだけでなく、快適さや幸せについてのアイデアさえ与えてくれた。小屋を建てるのに用いる巻き上げ機の効果の好例を示してくれていた。(18)

ダーリング川の地域で、ミッチェルは小さな村を見たが、各小屋は15人まで収容できる、厚さ30センチメートル以上の茅葺きの頑丈な建物だった。「これらの恒久的な小屋はまた、住民がより平和で安定した習慣を持つ人種（race）であることを示しているようだった」[19]。

ミッチェルはアボリジナルの家屋の大ファンになり、こう書いている。「私は、入口に立派な火があって、とても快適な空間を持つ小屋について学びはじめた」[20]。ミッチェルは家屋の質には敏感だったが、他人の家を占領することには無神経だった。彼は空家を何度も占拠しており、この種の不作法は物理的攻撃以外のいかなる行動よりも白人（white）と黒人（black）との関係を深刻なまでに不調和にした可能性が高い。

しかし、私たちはミッチェルが残した多くの観察による詳細と雄弁さに対して恩義を負っており、私はこの親身で知的な紳士と長く楽しい冒険談をすることが想像できる。彼はこの素晴らしい文明の目撃者となったことに歓喜し感謝したが、それが彼の草原の探求を止めることにはならなかった。彼は家屋の構造とそれを生み出すのに必要な産業と革新を称賛したが、彼が最大の賛辞を残したのは、土地とそれが征服者に与えるであろう富についてであった。

多くの歴史家がいまだにラ・トローブ（La Trobe）の礼儀正しさに心温まる思いになるように、ミッチェルの先住民に対する配慮の表現は私たちの心を温めるかもしれないが、ミッチェルは次のような文を書いている。「それどころかもし野生の牛の数が増加すれば、原住民（natives）も人口を増やすことになるだろうが、もし現在のように非文明的で教養がなければ、野生の牛を殺す絶対的な権利でさえ与えられていないので、手ごわい和解しがたい敵となるかもしれない」[21]。私たちは、もっとも紳士的で洗練された私たちの祖先について、彼らのうちの暴漢による殺人にしばしば目をつぶり、彼らの美徳を称賛したいと思っている。しかし、私たちの祖先がアボリジナル社会について書いたこと、そして彼らがそれにどれだけの時間を費やしていたかについてさらに詳しく読めば、彼らの寛大さが本当だったか再評価するきっかけになるかもしれない。たとえば、ミッチェルの頭のなかは、科学的分析をしていれば目から鱗だったであろうときに、都市計画と土木工学の都会的な野心に気がとられている。

町の成長は大きな道路の方向に大きく依存しており、もっと確実なものでなければならないし、もっとも適格な主要道路が確認できれば、割当はより価値あるものになる。このような公共の便宜のための作業は、できるだけ植民地化の進展を先行すべきである……。計画……は、投資される前によく考慮されるべきである。……公共の利便性と、たしかに入植の先駆者である機械工に対する激励は、旅館の建設や幹線道路沿いの人口増加に見合った設備の供給において、十分な検討はなされていない[22]。

後に、彼は牧歌的な散文でこう書いている。

「ワンブール」（Wambool）の土手に平和と豊さが微笑み、英国の企業と産業はやがてナモイ（Nammoy）、グィディル（Gwydir）、カラウラ（Karaula）の荒涼とした土手やコースト山脈（Coast Range）を超えてさらに北に広がる地域——放浪しているアボリジナルの人々によって維持されてきた、ヨーロッパ人が未踏のすべての土地にも同じような変化をもたらすかもしれない。放浪しているアボリジナルの人々は、現在のバサースト（Bathurst）で享受しているようなその土地における安全と保護を主張するかもしれない。(23)

ミッチェルは、1835年になっても、土地を奪われた人たちに平和と安全がもたらされないことを知っていたに違いない。彼は善良で勤勉で楽観的なスコットランド人だが、彼の偏見は、自分がアボリジナル社会を完全に破壊する重要な担い手であるという事実から目を逸らせた。彼は旅館、道路、ロマンチックに煙を立てる煙突という未来像でいっぱいであったため、彼は自分の顔をじっと見つめているものを無視しているのだ。

ミッチェルがアボリジナルの生活に魅了されていると考えることには慣れてしまったが、実際にはこの話題は彼の注意をほとんど引きつけなかった。彼はしばしば耕した土地を通り、1行や2行程度でその発見を祝福した。彼は複雑な魚捕獲の罠を見つけたが、それを描写するために立ち止まることはほとんどなかった。1835年にダーリング川を記録する旅に出たとき、彼の文章は、アボリジナルの人々によって作られた開けた草原を利用するかもしれない道路や広大な用地の位置についての思惑で一杯だった。

彼はアボリジナルの土地利用を分析する立場にあったにもかかわらず、彼が横断した公園の秩序と美しさにしばしば困惑し、「ありのままの自然」の芸術性だという描写を用いた。[24]

人類学者のトニー・バルタ（Tony Barta）は、ミッチェルによる「アボリジナルの人々とその文化的素養の描写は特に肯定的だが、彼らは彼の構想において登場人物として扱われていない」[25]としている。ミッチェルがアボリジナルの業績に同時代の人たちよりも敏感だったことは間違いない。それにもかかわらず、彼の『東オーストラリアへの三つの探検（*Three Expeditions into Eastern Australia*）』の序文を読むと、読者は彼がアボリジナルの人々について言及していることが少ないことと、アボリジナルについて言及するときは彼らの権利がさりげなく却下されていることに驚くだろう。

ミッチェルの一行は1836年にディスパーション山（Mount Dispersion）付近で7人のアボリジナルを殺害し、1935年にもウィルカニア（Wilcannia）とメニンディー（Menindee）の間で殺害しているがその数は不明だ。ボガ湖（Lake Boga）でも一人殺している。彼は、アボリジナルの攻撃を防ぐためには、陸路を行く場合、大規模編制で十分な武器を持っている必要があると書いていた。[26]

ディスパーション山の攻撃について説明するバーク（Bourke）総督への手紙のなかで、アボリジナルの侵略の可能性を阻止するためにこの攻撃は必要であったと主張し、次のように書いている。「私の部下はできるだけ多くを追いかけ発砲したが、マレー川を横切って泳いでいるところをたくさん撃った」。バーク総督は、その言及をガゼット（新聞）の記事から削除するよう命じた。[27]

アボリジナルの人々に対しておこなわれた暴力への言及や、既成の村や経済の存在の証拠を編集することは珍しくなかった。ゲェリッツェンは次のように書いている。

恒久的な居住地とより定住的な生活の存在を公開することを隠蔽し思いとどまらせることは、関連のグループについての歴史的な情報、ひいては現代の理解の歪曲に寄与したもう一つの要因であったかもしれない。たとえば、当時パースの新聞に掲載された、彼が１８４１年12月初旬にビクトリア地区でおこなった簡単な偵察の記事の原本には、「キャプテン・ストークス（Stokes）が『頑丈に建てられた彼ら（ナンダ：Nhanda）の冬の住居』について言及した」とある。しかし、新聞記事の本文が１８４６年に彼の刊行した雑誌に転載されたときには、その行だけが削除されていた。同様にビクトリア州でも１８５８～59年の立法評議会の特別委員会は、トーマス（Thomas）とシーヴライト（Sievwright）（アボリジナル保護官）から提出された証拠を採用したが、このなかで両者は永住できる家屋があったことをそれぞれに知っていたにもかかわらず、それについて無視していた。これは、植民地による土地略奪の道徳性と合法性に影響をおよぼす可能性があるため、恒久的定住の証拠の信ぴょう性を疑わせる意図が疑われる。(28)

ミッチェルの日記を読み、彼の詩やスケッチに感心しながら、彼が同時代のほとんどの人たちとどのように違っていたかに気づく。彼はビクトリア州西部のオーストラリア・フェリックス（Felix）で発見した青々とした平原のなかで、「この広い世界でこれほど美しい谷はない」と書き、後に「これほど植民地化に適した土地は間違いなく見つからないだろう」[29]と書いている。読者は殺戮と襲撃に対する彼の後悔を想像するかもしれないが、それが彼を止めることはなかった。彼の遠征軍が抵抗にあって邪魔されれば、彼は殺人には怯まなかった。

行く手を阻む者たちを殺さなければならないという恐怖から遠征を諦めた冒険家、または先住民に不利になるからといって土地を取り上げることに躊躇した入植者を私は知らない。ビクトリア州西部地区でアボリジナルの第一の友人だったジェームズ・ドーソン（James Dawson）でさえ、以前は彼の友人のものだったと知っている土地をまだ所有していた。

入植者と探検家は、彼らが考える優位性と権利で結束した。洗練された社会を複雑な経済で入れ替えようとしていることを知りながら、馬のひづめと彼らの足取りは決して止まることはなかった。彼らはアボリジナルの多くの地域の永続性と繁栄をたしかに知っていたに違いない。初期の文献には彼らの証言から得た多くの例があるからだ。

学者のアラン・ポープ（Alan Pope）は、これを「土地の所有と開拓により個人の財産を確立することと、その同じ土地に根本的に結びついているアボリジナルの生活様式を維持することは両立しない」と言及している[30]。

ダーリング川では、スタートやミッチェルが見たのと似たような町を見て、探検家たちはそれぞれの町の人口を1000人は下らないだろうと見積もった。ピーター・ダルギン（Peter Dargin）はこの地域の人口を3000人と推定したが、スタートやミッチェルらの日誌によると、このような人口の多い村は多数通過したという。これらの数字は、植民地化する前には過疎地であったという現在そして過去の仮定と比べると、強く矛盾している。

政府の測量技師デビッド・リンジー（David Lindsay）は、ポーペル・コーナー（Poeppel Corner）（クイーンズランド州が南オーストラリアとノーザンテリトリーに接するオーストラリアの州境の隅）に大きな村がたくさんあり、一つの家屋は30人から40人を収容するのに十分な大きさがあったと報告した。[31]ミッチェルは、クイーンズランド州西部のバルコー川（Barcoo River）に同じような家屋が集まっている村を見たが、いくつかの部屋がある家屋もあったと付け加えた。これらの村には、古くから整備されてきた道路網が張り巡らされており、その多くが今日の幹線道路になっている。

初期の牧畜業者ジョン・コンリック（John Conrick）は、自身の論文のなかに周囲90フィート［30メートル］以上ある家屋について、ここはコロボリー［corroborees：先住民が集って開催するお祭り］を開催するのに使われたと書いている。ゴイダー（Goyder）は別の建物について、「スタートが説明されたのと同様の方法で建てられており、とても暖かく快適で、最大で30人から40人を収容できる」と説明した。[32]

ジョン・マクドゥアル・スチュアート（John McDouall Stuart）は、自身の探検日誌でアボリジナルの人々についてほとんど触れていないが、泥でできた蜂の巣小屋を見つけ、その美しさと癒しについて書いている。[33]

1883年にデビッド・リンジー（David Lindsay）は、アーネムランドの調査結果から次のように報告している。

幅4分の1マイル［400メートル］程ある、原住民（native）が住む広大な野営地にやってきた。いくつかは大きく、一つは高さ12フィート［3・6メートル］であったいくつかの大きな小屋の枠組みがあった。そこにある小さな囲いは、小さな動物を入れ生きたまま飼うようになっている。……この野営地は500人ほどの原住民（natives）を収容していたに違いなく、大きなお祭り、コロボリーの開催場所、またはダンス場だったに違いない。非常にたくさんの儀式があったためか、とても地面がすり減っていた。[34]

しかし、間違いなく大きな建物を表現するとき、彼は「小屋」という言葉を使っていた。マレー川の怒りっぽい老人エドワード・カー（Edward Curr）でさえ、アボリジナルの人々が作った洗練された樹皮でできた小屋は植民地時代の森のなかでもっとも快適な住居であると認めていた。1842年にマラクータ（Mallacoota）でジョセフ・リンガード（Joseph Lingard）は2人のアボリジナル男性に出会い、「大胆にも彼らの隠れ家に入ったが、内部は家と同じだった」[35]といった。ゲェリッツェンは、大きな村を見た探検家や初期の入植者からの数多くの報告を列挙している。

ミッチェルはダーリング川の土手を指して「大勢の人による喧騒が、この土手に、大きな人口を有するこの村の陽気な性格を与えた」と言及していた。[36] ゲェリッツェンは次のように要約している。

この地域の大部分が人気もなく荒涼としていると一般に思われていることを考えると、ほとんどのオーストラリア人はそのようなコメントにかなり驚くだろう。正気の人間が誰も行かないような、人を寄せ付けない場所として「未開拓奥地」「決して決して［行かない］」というよく知られた表現がこの場所の特徴を表している。[37]

しかし人々はたしかにそこで繁栄した生活を営んでいた。町が繁栄したのは、住民が自然条件を利用し、土地特有の穀物や塊茎を開発していたからだ。不幸にも、草原も村も荒廃は速く進んだ。エリザベス・ウィリアムズ（Elizabeth Williams）は、アボリジナル保護官であったウィリアム・トーマス（William Thomas）がアボリジナルの住居の規模と完成度の高さ、ならびになぜヨーロッパ人が初めて訪れた後にそれを見た人が少ないのかを端的にまとめた、生き生きとした説明を引用している。

最初の入植者は整ったアボリジナルの居留地を見つけた。この居留地はポート・フェアリーの北東約50マイル［80キロメートル］にあった。小川のほとりには、20から30軒の蜂の巣のように並んだ小屋があり、なかには十数人を収容できるものもあった。これらの小屋は高さ約6フィート［1・8メートル］か、それよりも高く、直径10フィート［3メートル］ほどで、ドア用の3フィート6インチ［107センチメートル］の高さの穴があり、夜は必要な場合は、樹皮のシートで閉じられた。8インチか9インチ［20～23センチメートル］の上部の開口部は煙を出すもので、雨天のときには芝土で覆っていた。これらの建物はすべて円形で、密に作られており、泥で覆われていたので、上に乗っても怪我をすることなく人の重さを支えることができた。これらの黒人（blacks）は小川にさまざまな形の上手く設計されたダムを造ったが、このダムは洪水の季節にはある程度の高さの水門の役割を果たした。1840年には、川の反対側の岸に羊の放牧場が形成された……そしてある日、食糧を求めて黒人（blacks）が村から離れて川の上流に移住している間に、白人が火をつけ、アボリジナルの居住地を破壊した……これらの黒人（blacks：私の情報提供者）がどうなったか教えてくれなかったが、1841年の終わりには……彼［トーマス］は小川全体に沿って一つの小屋も見つけることができなかった。[38]

建設・設計

これらの住居の初期の破壊にもかかわらず、この古い生活様式の証拠がほかの場所にもあったことは明らかである。アボリジナルの建物の例は20世紀まで記載されてきた。カーペンタリア湾南部地域のアボリジナルの人々は、大きな、ドーム状の、草で覆われた開口部が簡単に閉じることができるように小さな入口のある避難所を作った。これらの構造は雨季を快適に過ごせるように対応しており、内部に煙をよく出す小さな火を置くことで虫が撃退されるようになっている[39]。ガルフ（Gulf）地域やトレス海峡諸島のほかの人々は、複雑な構造物を支柱の上に建てたり、非常にしなる竹の茎を使い、密な草葺きで覆われた美しいドーム状の建物を建てたりした。これらの建物は大家族向けだった[40]。

テナント川（Tennant Creek）近くのアヤワル（Alyawarr）集団の人々は、温暖な環境のために、住宅は複雑ではなかったが、野営地のなかには小さなドーム型の建物と犬用の囲いがあった[41]。

ケープ・ヨークとアーネムランドの人々は、雨季と乾季があるので通常の野営地と二つの異なるスタイルの住居を持っていた[42]。雨季には大きな、茅葺きの、ドーム型の防水性の優れた小屋があり、乾季には、より軽くて風通しの良い建物が使われていた。これらの困難な地域での生活は、雨季の居住は、安全な建物内にパンダナスの果実からとったデンプンを貯蔵することによって可能になった。

毒のあるパンダナスの使用は、浸出とパルプ化によってアルカロイドが除去されていることがわかるまでは初期のヨーロッパの訪問者の多くを驚かせた。熱帯雨林へのアクセスが制限されている雨季のために、小屋で貯蔵する前に、食物をすり潰し、粉砕し、ローストした。また葉は屋根葺きや織物の重要な材料でもあった。

熱帯雨林の人々は、30人以上の人々を収容できる大きな建物を含め、彼らが使用するそれぞれの家屋の型に名前を付けていた。

クイーンズランド州ミッチェル川では、クラン集団は樹皮とヤシの葉をまとった複雑に交差するドーム構造を採用していた。西海岸のタスマニア人もまたドーム型を建てているが、湿った寒さから保護するために防水になっている。

泥で覆われたドーム型住居は、探検家のアーネスト・ファヴェンク（Ernest Favenc）を含む多数の目撃者によって報告されているが、彼のアボリジナルの人々への扱いと評価はぞっとするものだった。１８７７年彼は中央オーストラリアを旅して、陸路電信のルートを調査し、そこでアボリジナルの町を数多く見たが、大規模で洗練された建造物についてのレポートでさえ、侮辱しようとして、「あばら屋」という用語を使っている。

オーストラリア内陸部の多くのドーム型の構造物の床は、周囲の地面よりもかなり低くなっていたが、これはおそらく、冷たい砂漠で夜の間に熱を保持するためだろう。

石は粘土塗りの代わりに使われることもあり、石と石の隙間は泥で埋められていた。このような建物の骨組みは必然的にがっちりとしたものだった。時として、ドーム型の家屋では戸口の上に小さなベランダを設けていた。風上側に一つ壁があり、出入口についている火が消えるのを防いだり、家の外に座っている人を快適にしたりしていた。

とんがり帽子のドーム型の家屋。（クイーンズランド博物館）

ドーム型の家はまた、日中は大家族の日陰の家としても使われた。骨組みは葉と草で覆われた頑丈な肋骨状のものを繋ぎ合わせたものだった。ジョン・オクスリー（John Oxley）は、クイーンズランド州のモートン湾近くの同様の家屋を、「雨をまったく通さず、10人から12人を収容できる広々とした小屋になっている」と表現した。(43)

上に挙げた例の多くはポール・メモット（Paul Memmot）の名著『グニャ、グーンディとウルリ――オーストラリアのアボリジナルの建設（*Gunyah, Goondie and Wurley: the Aboriginal architecture of Australia*）』から参照している。この本で彼はドナルド・トムソン（Donald Thomson）のような、伝統的な経済がまだおこなわれていた遠隔地を訪れることができた初期の写真家の作品を使っている。

メモットは、アーネムランド内のいくつかの地域で多くの住居スタイルが開発されていることに言及した。具体的には、フォーク状の支柱で支えられた長方形の構造物の上にペーパー・バークの樹皮のシートを張り内部には高くなった寝台を持つもの、棟木の上に樹皮を持つテントのような構造物のもの、さまざまなデザインの日陰の家、沼地の樹木の上に建てられた台、重ねたペーパー・バークの樹皮を使用して雨季のためにドーム構造を改装したもの、である。

ドームは、柔軟性のある苗木の棒が、現代の柔軟性のあるテントのポールと同じように互いに交差するように作られていたが、その違いは、アーネムランドの住居モデルの方がポールの数が多いことだ。玄関は、出入りする人が建物を傷めないように、ペーパー・バークの樹皮と縄で補強されている。ドアは這って通るように小さくしてあり、雨や蚊を簡単に遮断できるようになっている。

我々はトムソンがアーネムランドの人々と一緒に暮らしていた長い年月の間に収集した素晴らしい写真に感謝している。というのは、アボリジナルの住居を撮影したり描いたりしようと考えた人はほとんどいなかったからだ。

トムソンは、扇状になったヤシの葉っぱがしばしば被覆材として使用され、審美的で非常に魅力的な結果をもたらしたと報告した。時には美しい外観を持つ織布被覆が好まれることもあった。このタイプの外装はキンバリーでも見られた。

建築形態は、使用可能な材料によって異なる。湖岸の粘土やアリの巣の材料は両方とも優れた建材である。安全な洞窟系が現れた所では、それらは住居や儀礼の目的にも使われた。オーストラリア国営放送（ＡＢＣ）テレビのシリーズ『最初の足跡（*First Footprint*）』のために撮影されたドラマチックな例では、アーネムランドの人々が大量の石や土を取り除いた結果、巨大な円柱の通路が現れ並外れた芸術の展示となった。この建築を見た視聴者は驚きの声を上げ、ＡＢＣに質問やコメントが殺到した。これは劇的な文化的証拠だったが、多くのオーストラリア人がこの光景を初めて目にしたのは２０１３年だった。

同様に、アボリジナルの女性たちが２００６年のメルボルンで開催されたコモンウェルス・ゲームの開会式で豪華な正装のポッサムの毛皮コート［フクロ・ネズミの毛皮をカンガルーの腱で縫い合わせた民族衣装］を着て登場したとき、多くのオーストラリア人は驚いた。アボリジナルの人々は何も着ていないか、動物の皮を着ているという考えが一般的だったからだ。

彼らはたしかに皮を身に着けていたが、縫製しており、幼児用には袖が付いており、じゅうたんや寝具としても使えるものであった。ありがたいことに、この芸術的製作は、ビクトリア州のアボリジナルの女性たち、ヴィッキー・コーズンズ（Vicki Couzens）、リー・ダロッチ（Lee Daroch）、トレアンナ・ハム（Treanna Hamm）のグループにより、非常に重要な文化復興として、復元が進んでいる。

ヘザー・ル・グリフォン（Heather Le Griffon）は『クロスでのキャンプファイヤー』（*Campfire at the Cross*）という本を執筆するために調べ物をしていたとき、ビクトリア博物館で初めて毛皮のコートを見たのを思い出した。「珍しいポッサムの毛皮コートを見せてもらったとき、私は皮をつぎはぎにした荒い縫い目のコートを想像していた。でも、実際に針子の女性が美しい縫い目で縫っている

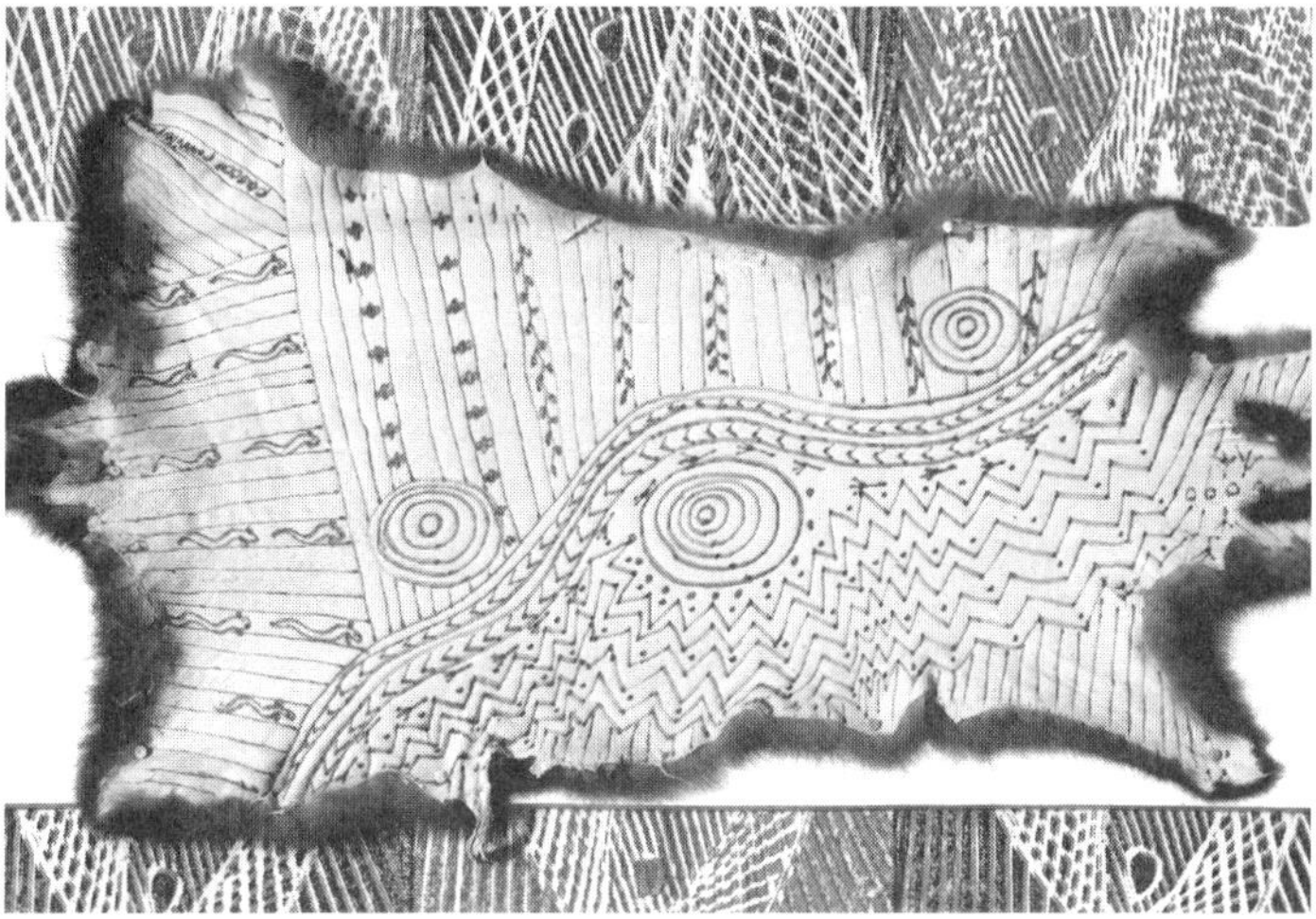

ブルース・パスコーデザインのポッサムの毛皮。（リン・ハーウッド）

のを見て、感動で泣いてしまい、私の貧弱な想像力を恥じた」[44]。

コートは皮を釘付けにして乾燥させた後、皮を擦《かす》り、切り目を入れることで柔軟にした後にできあがる。入れた切り目は複雑な模様の一部になっており、コートは精巧に作られた細い骨針、カンガルーの尾の腱を乾燥させて作った糸で縫われていた。それらは芸術作品であり、この上なく巧妙に作られていた。

たとえル・グリフォン（Le Griffon）のように熱心で聡明でアボリジナルの歴史に精通した女性が、彼女の先入観をそんなにも簡単に明らかにすることができるとしても、私たちは皆、知恵に対する最大の制限である「思い込み」に注意しなければいけない。

コート、帽子、靴、スカートの製造は試行錯誤で取り組まれたものだが、ここでもまた、探検家や入植者の日誌によって明らかになったこの産業について、オーストラリア人がアボリジナルの功績を十分に評価するためにはまだ時間がかかりそうだ。

石の構造

初期の植民地時代の報告を見ると、石造りの家屋やそのほかの建造物に驚くほど多くの言及があることがわかる。最初の探検家と入植者は、彼らが書き残したものよりも多くの家を見たに違いない。しかし、そのような気乗りのしない証人がいても、証拠は圧倒的だ。

現在でも多くの石造家屋の遺構を見ることができる。ローランドス（Lourandos）はこれらをオトウェイ岬（Cape Otway）で、ビルス（Builth）はこれらをコンダー湖で記載しており、ニューサウスウェールズ州のブルーマウンテンズ山脈（Blue Mountains）、西オーストラリア州のハイ・クリフィー島（High Cliffy Island）、オーストラリア・アルプスで研究は続いている。調べれば調べるほど、より多くの証拠が見つかる可能性が高い。２０１６年、西オーストラリア州のダンピア諸島（Dampier Archipelago）にあるローズマリー島（Rosemary Island）の研究者たちが、ある石造りの建物を９０００年前のものと確定した。最後の氷河期の終わりに造られたもので、人類が海面上昇や沿岸の諸クラン集団の内地への移動の必要性に適応していたことを反映しているといわれている。(45)

ヨーロッパ人の住居や石積み壁に使うために少しずつ石が盗まれたことや、牛や羊による２００

年間の損傷、制御不能の火災の急襲にもかかわらず、土台や壁は今でも見ることができる。植民地時代以前のアボリジナル集団による石の使用については、これからもっと研究する必要がある。

写真が発明される以前、このような住居の数少ない絵画による記録の一つは、オーストラリア・アルプスの石の建物群を描いたアボリジナルの芸術家による素描だった。この素描は非常に重要である。なぜならば１８３９年にこの地域の人が、現在はメルボルン市内の植物園となっている地で開催されたアボリジナルの人々の大きな集会を訪ねたとき、その人はオーストラリア南東部全体の先住民集団が集ったコロボリーを夢に見て描いた人だといわれたからだ。彼の家は石造りの家だった。

彼の名前はクラー・クルップ（Kuller Kullup）で、彼はアボリジナル保護官であったウィリアム・トーマス（William Thomas）と話すことも、会うことさえも拒否していた。クラー・クルップは多分ヤイトマサン（Jaitmathang）かガリゴ（Ngarigo）の人だったが、オーストラリア南東部のアボリジナルの人々は彼を偉大な哲学者として知っていた。

アルプスの初期の旅行者は石造りの家がある小さな村とその人口の多さについて記載している。最近の山火事で、ビクトリア州の各地でそのような集落の基礎が明らかになった一方で、その他の石の壁や茅葺き屋根の村がオーストラリア各地で数多く記録されている。(46)

アボリジナル保護官ハーバート・バセドウ（Herbert Basedow）は、１９２５年に南オーストラリア州北東部の家屋の詳細な記録を残した。彼は平らな石板で屋根を葺いている家屋について記述して

ロビンソンが描いたカラムト（ビクトリア州南西部の村）の素描　1840年頃。（ラ・トローブ図書館）

いるが、おそらく地元の石板が木の梁にかけられているのだろう。

　ポート・ジャクソンの北のガイ・マリガル（Gai-marigal）に住むデニス・フォーリー（Dennis Foley）は、大きな石の住居跡を彼の叔父に見せられたことを覚えている。壁は石と粘土で作られ、床は柔らかいペーパー・バークの樹皮やシダで覆われていた。建物は6メートル×4メートル、高さ約1・5メートルだった。フォーリーは、これらの住居の多くは天然痘が蔓延した後に兵士によって焼かれたと説明している。

　ビクトリア州西部のコンダー湖とティレンダラ（Tyrendarra）の石造りの家屋は、ヘザー・ビルス（Heather Builth）とグンディッシマラのクラン集団がおこなった

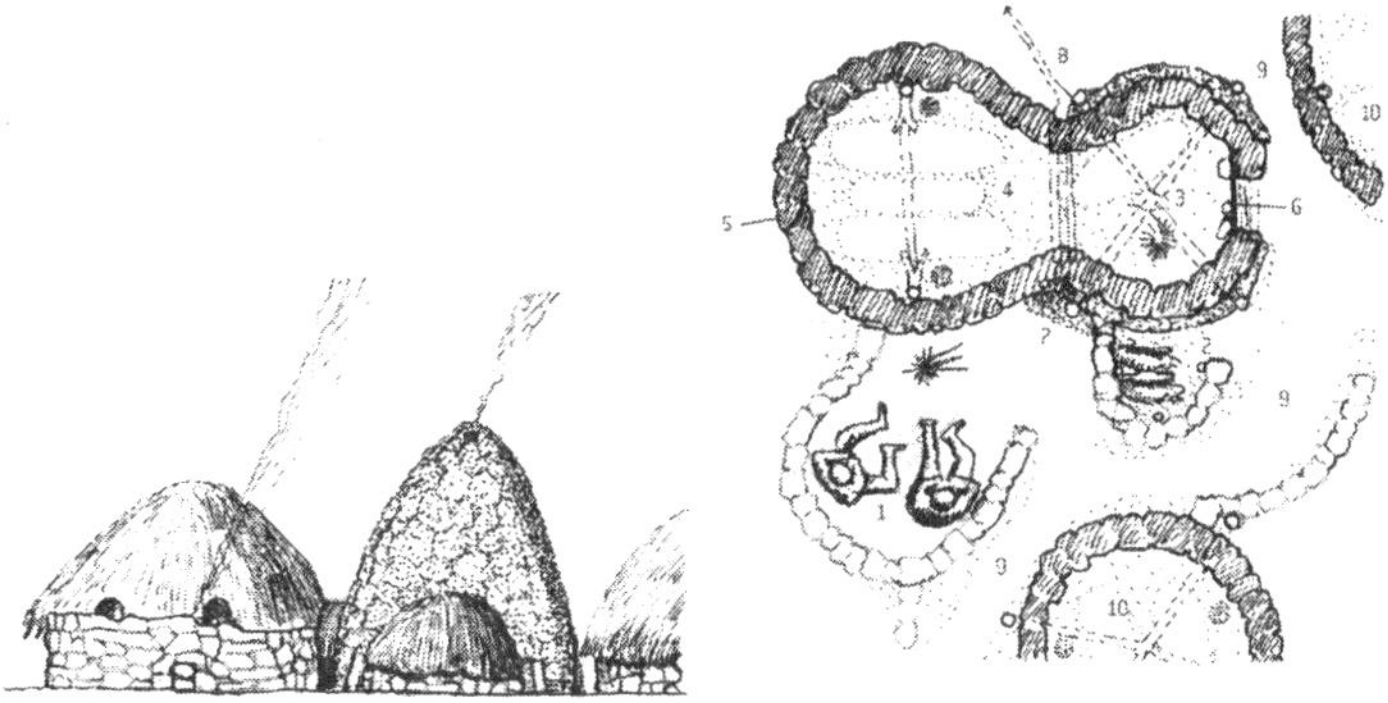

ビクトリア州西部のグンディッシマラ村の再現図。（ポール・メモット）

調査の結果、よく知られるようになった。ウィンダ・マラ・アボリジナル協同組合（Winda-Mara Aboriginal Cooperative）はティレンダラの石造りの家屋が建つ村のツアーをおこない、グンディッシマラはタワー・ヒルで文化ツアーをおこなっている。家屋自体の遺跡は別として、証拠は建物を非常に詳細に説明していたジェームズ・ドーソン（James Dawson）やピーター・マニフォールド（Peter Manifold）のような初期の入植者によって裏付けられた。[47]

　コンダー湖の例としては、建物が壁を共有して強度を高めていた。内部にドアがあるものもあった。屋根はしばしば草や葉の厚い層で葺かれていたが、多くは厚い芝土で保護され、草は内側に向けられていた。中央の煙突は大雨の間は芝でふさいでいた。

　ロビンソン（Robinson）のような入植者と植民地管理者からの初期の報告では、50人以上が集まった建物に言及しているが、もっとも一般的なものは直径3メートルから5メートル、高さ2メートルのドーム型であった。家族が増えると、部屋を増やしたり、大きな建物を内壁で分割したりする。玄武岩はこの地域では一般的で、魚捕獲用の罠や家屋を作るときに使われた。前述したように、現在この地域で見られる玄武岩貯蔵所の柵を建設するために、建材はしばしばスコッター［所有権を得ようとして所有者のない新開拓地に定住する人］と呼ばれる不法占拠者によって奪い取られた。皮肉なことに、それらの柵は現在、遺産保護の対象となっている。

家屋の出入口は樹皮と木でできた扉で閉めることができ、家屋を留守にする場合、扉の上に取りつけられた棒によって、家族がどの方向に行ったかをほかのクラン集団のメンバーに示した。ロビンソンがこのメッセージシステムについて説明している。アボリジナル保護局長として旅をした間、彼はさまざまな型の家屋を描いた。ほとんどの家屋は低い石垣があり、茅葺きもしくは草で覆われたドーム型であったようだ。なかには防風のための補助的な曲壁を備えたものもあり、この場合建物の全体の間取りはほぼ6の字型になる。壁で囲まれた部分は中庭の一種として設計されたようだ。

ロビンソンの絵はシンプルだが示唆に富んでいる。彼の報告によると、蜂の巣（先住民の言葉で、kraal）型の壁や屋根は非常に頑丈で、「馬に乗っている人が乗りこえられる」ほどだったそうだ。(48) どのようにしてこの観察が証明されたのか、そして家屋の所有者がこの実験について何を考えたのか不思議に思う。

コンダー湖の大規模な村と水産養殖の複合施設は、世界遺産に推薦されたが、これはコミュニティの洞察力と粘り強さの賜物だ。現在では、人類の発展にとって世界でも重要な拠点の一つとして認識されている。

初期のアボリジナル住居に興味のある読者は、ポール・メモット（Paul Memmott）の本に住居の詳細とイラスト、および住居が遍在していた様子が示してあることを知るだろう。たとえば、彼の報告によると、西オーストラリア州海岸沖のハイ・クリフィー島（High Cliffy Island）で、研究者たちが数百の石造りの建物を発見した。島は長さ1キロメートルしかないが、集約化した漁業、採石場からの石を使った工芸品の生産によって、非常に密に定住者が住んでいたことが裏付けられている。それは季節性のキャンプだったかもしれないが、恒久的に住んでいたという可能性はある。

その他の石造物

ビルス（Builth）は、約1メートル離れて建てられた長さ6メートルの二つの平行な壁がある別の建築物に注目した。これらの建造物の使用については、憶測を呼ぶが、村の複雑さから、さらなる調査の必要性を示している。研究者のジョン・モリエソン（John Morieson）とリン・ラッセル（Lynne Russell）は、オーストラリア全土に見られる石の配置と、植民地時代のオーストラリアがこれらの建造物は先住民によって建設されたはずがないということを証明しようとした判断について考察している。

ビクトリア州のさまざまな場所で見られた巨大な石の配置についての調査で、モリエソンはそれが至点〔夏至・冬至〕を予言するものだったと信じるようになった。彼の数学的計算は天体現象と正確な相関を示している。このような研究に関心と資金を得ることは常に困難だが、証拠が増えるにつれて、新しい研究分野が必ず展開するに違いない。

逆に、初期の入植者のなかには、アボリジナルの人々の能力とその建造物を切り離し、それらの起源が遠い過去の孤立したヨーロッパ人の作品であることを示唆するために、特徴のいくつかの規模を誇張する者もいた。ビクトリア州エレファント山（Mount Elephant）の直立した石の彫刻は、1877年の『オーストラリアン・イラストレイテッド・ニュース（*Australian Illustrated News*）』に掲載された。その挿絵は、ストーン・ヘンジ（英国にある世界遺産）のバランスを想定して誇張されているのは確かだ。恒久的な住居を示す証拠に直面して、それが異星人の仕業だと推論したくなる人さえいた。

ヨーロッパ人によるアボリジナル建築物への誹謗は、色々な形をとっていた。探検家のアーネスト・ガイルズ（Ernest Giles）はアボリジナルの業績を軽蔑していた。その偏見によりチューブから歯磨き粉を絞り出すように人種差別を押し出していた。だから、彼が中央に大きな板の付いた巨大に積まれた石を発見したとき、彼が何の証拠もなく、人食い人種の人身御供だと考えたと書いたものを読んだとしても驚かない。古い屋敷跡でなければ、おそらくかなりの人物の墓だっただろうが、ガイルズがそれらを軽蔑的な言葉以外の言葉で表現するとは考えられなかった。

ほかの探検家や無断居住者が足を墓や家屋に置いている写真は、アフリカ人の猛獣ハンターがサイを勝利品だと主張するのに似ている。彼はそのような記念碑を建てた文明の本質にほとんど思いをはせたことがない程度の良心で、この国の管理を引き受けたのだから、彼のこの態度は、勝利品を前にしてパイプをふかすハンターのいう意見を表している。

先住民の功績を過小評価することは、英国植民地主義の意図的な戦術だった。北米先住民であるファースト・ネイションの人々の大規模な組織も同様に無視され、初期のヨーロッパ人に権利があるとされた。南アフリカではセシル・ローズ（Cecil Rhodes）がかつてローデシア、現在のジンバブエで発見された巨大なショナ（Shona）建築に言及することを違法とした。これらがショナ人によって建てられたことは明らかだが、そのはく奪を正当化するためには、ショナ人の功績を否定することが重要だった。

人類学者のハリー・アレン（Harry Allen）は、オーストラリア国立大学で開催された２０１３年の歴史シンポジウムで、人類学者たちがオーストラリアにおけるアボリジナルのことを考えるときに、オーストラリア人の還元主義的な考えを払拭しようとする試みが、不思議なくらい成功していないと意見を述べた。彼は、多くの人がいまだに航海士ウィリアム・ダンピア（William Dampier）と同じ心と目で大陸を見ていると信じているとコメントした。

前述したように、アボリジナルの建造物の大きさを誇張することは、植民地戦術の一種として用いられていた。マクニーブン（McNiven）とラッセル（Russell）は次のように述べている。

ヨーロッパの入植者がオーストラリア大陸の遺産を受け継ぐ権利を正当化するのに、エレファント山の巨石記念物は役に立った。ヨーロッパ人による植民地化は、文字通り、彼らの遺産の失われた領域の（再）所有ということになった……（それは）再所有の名目の下に奪取するための前奏曲として、白人の繋がりを確立するために、アフリカ、米国、オーストラリアへのヨーロッパの入植者によって彼らの過去から先住民を分離するために使用された戦略であった。[49]

しかし、オーストラリアでは、先住民の建造物の多くが大規模に建設されたものであった。何へクタールにもおよぶ石組みもあったので、誇張する必要はなかった。これらの建物は、コンダー湖の建物に似た石造りの家と同様に、大陸全体で発見されている。[50] 西オーストラリア州キンバリー地域の砂岩の平らな石板でできた頑丈な住居は、日中の暑さから身を守るためにさまざまな日除け用家屋と併せて建てられている。多くは、魚捕獲用の罠、または純粋に宗教的な性質を持った石のデザインと関連していた。

大きな建物や村にはすべて、調理用のオーブンと調理設備があった。これらの建物のいくつかは非常に大きく、長い間使用されていたため、毎朝炉火から掃き集められた灰が蓄積し、周囲の土地より数メートル高くなっていた。ロビンソンは1841年になってもメルボルンの近くに大きなオーブンを見ることがあった。幅3メートルのものもあった。このオーブンは、マオリ族のハンギ

(hangi) やパプア人の石窯と同じ様式で調理するために使われたものだ。

また、石は動物や鳥の狩猟の際の隠れ場所を作るのにも使用され、神聖なものの保護にも使われた。オーブンや穀物貯蔵所は、石と粘土モルタルを組み合わせて建てられた。井戸の蓋は、動物やゴミが水を汚染するのを防ぐために、井戸の上にきちんと収まるように、地中からとった大きな石板から作られている。ビクトリア州のユー・ヤングス (You Yangs) にある同様の井戸には、この10年ほど前まで巨大な石の円盤があったが、それは破壊者によって外され、丘を転がり落ちた。

2009年に私は南オーストラリア州のマリーの近くで小さいが重要な井戸を見せてもらった。そこでは動物から井戸を守り、蒸発による水の損失を減らすために小さな石板が交互に置かれていた。その井戸の開閉は敬虔な儀式でおこなわれていた。

メモット (Memmott) は、さまざまな素材で作られた建物について説明しているが、ほとんどはドームの強度に依存している。大陸の南東部では、鯨の骨がよく使われていた。その曲線は、放射状の長さを中央に縛り、わらぶきにすると大きな力を生み出すからだ。

メモットは偉大なデンマークの船員ヨルゲン・ヨルゲンセン (Jorgen Jorgensen) がタスマニアの北西海岸でそのような建物を見たことを引用している。ヨルゲンセンは生まれながらに興味深い人物であり、後にアイスランドに戻り、そこで君主となった。彼はオーストラリアで見た建物の美しさと清潔さに感動した。「蜂の巣」の形をしたドーム型の小屋の一つは、直径7メートル以上あると彼は指摘した。(51)

マリー（Marree）の井戸。（リン・ハーウッド）

１９７４年にビル・モリソン（Bill Mollison）は、「斜面に切り取られた小屋の土台は、今日海岸で見ることができ、その大きさと構造を証明する十分な証拠となる」と報告した。(52) なかには15人収容できるものもあり、蒸気で曲げられた木材を使用していた。鯨の骨の梁からなる同様の構造は、はるか遠くのグレート・オーストラリア湾でも報告されており、そこでは隙間と屋根は大枝と乾燥した草でできていた。

大陸内部では、防風と完全密閉のドーム構造の両方に、スピニフィクス（spinifex）［ツキイゲ］の草全体を用いていた。ツキイゲの束はそれぞれの塊と根の塊が家の頂上で出会うように敷かれ、葉は両側に広がっていた。時には、ツキイゲは粘土で下塗りされていた。これらの防水被膜材はトムソン（Thomson）をはじめ多くの人たちに目撃されている。トムソンはピントゥピ

(Pintupi) の人々と接触した後、このスタイルについて感想を述べている。[53]

ワルマジャリ (Walmajarri) のアーティスト、ジミー・パイク (Jimmy Pike) は、西洋の砂漠で似たような建物を草や泥で覆い隠す過程について述べている。[54] 建築家ピーター・ハミルトン (Peter Hamilton) は、西洋の砂漠におけるデザインについて、ほかの地域にも当てはまるかもしれない興味深い逸話を付け加えている。ハミルトンは、低い屋根のスタイルは内部が暗いためハエを寄せ付けない傾向があると推測した。この原理については、ほかの地域からも多くの意見が寄せられた。ハエはオーストラリアでは一般的な厄介者だが、不快なクロバエ種の多くは羊とともにオーストラリアに持ち込まれた。それでも、小さな黒いブッシュ・フライ (草バエ) は、その存在を感じさせる方法を知っている。

神聖なデザイン

デザインの特徴の多くは宗教的な重要性を持っており、建築の知恵は創造神話と関連している。建築部材の名称には精神的・物質的機能を表す二重の意味があることが多いのだ。

東アランダ (Arrente) の人々は、偉大な知恵を持つ人から建築のルールを教わったといっている。一つの教えは、葉の指 (葉の持つ所) が重なるように葉を置くようにということで、そうすると雨を流すことができるというものだ。この話はウォルター・スミス (Walter Smith：アボリジナル名はプルー

ニューサウスウェールズ州サットン・フォレスト（Sutton Forest）近くで見られた模様　1899年頃。村や墓地はしばしば、彫刻され彩色された木の幹や木材で目印がつけられた。（マイケル・ヤング）

ラPurula）によって再び語られた。彼は穀物の種まきと灌漑について解説をしている[55]。

建築様式との神話的な関連の結果として、ある種の象徴、たとえば茅の裾が付いた棟柱や、棟を支えるための二股の柱は、現代の儀礼や芸術の中心的な特徴だ。メモットが示すように、これらの象徴の細部は神聖な性質のものであるが、二股や柱が与える象徴性は想像できるだろう。

墓地内の埋葬は考古学者が認める定住のもう一つの指標であり、多くの例が探検家の日誌に記録されている。

オーストラリアの多くの地域では、墓の上にさまざまな建造物が建てられており、文化的慣習が残っている場所でも、この要素を見ることができる。私たちが持っている墓や墓地の写真の多くは、その場所がその美しさのために選ばれたことを示しており、多くは、私たちが美的感覚を高めるために建てられたと思われる東屋を示している。

墓地や儀式をおこなう場所の周りの造園や庭園の設計は、多くの初期の移住者や探検家が観察している。この作品のいくつかの証拠が、マニングリダとビクトリア州東部のハウ岬（Cape Howe）のように互いに離れた場所に今日も残っている。(56)

2010年、ビクトリア州中部の農家の4代目ネヴィル・オディー（Neville Oddie）は、バララット近郊にある所有地で一連の輪になった木を見せてくれた。土着の草の生い茂った場所の端には、儀式用の区画があった。ファミリー・レコードによれば、この地は一度も耕されたことがなく一家の伝統として受け継いでいる。

オディーは、植民地時代以前の本来の草原と、平原を見下ろす儀式用の木立の保存に熱心だった。木立のなかの木は、木がまだ若木である間に、ある枝を別の枝に引っ掛けることによって変形させていたので、木が成長するにつれて、枝は融合し、楕円形の窓または輪となって残った。デザインに性的要素があるのではないかと推測する人もいる。私はビクトリア州のほかの地域でもこの種の興味深い例を見てきたため、これらの東屋のデザインにアボリジナルの人々が介入したのではないかと考えた。

ウォルゲット（Walgett）出身のジェーン・パイ（Jane Pye）は、何世代にもわたって家族が所有する土地に住んでいる。その土地にある多くの改変された木を保存することに誇りを持ち、その保存

人工改変した木、ウォルゲット（Walgett）。（ジェーン・パイ）

については、地元のアボリジナルのコミュニティにも参加を呼びかけ続けてきた。写真は、数百本の人工的に改変した木のほんの少しの例だ。

カヌーの木には、どちらかの端に独特の球根があるのが特徴だ。最近、ニューサウスウェールズ州の南岸にあるバルマグイ（Bermagui）に生息する木に、非常によく似た特徴が見られた。

ニューサウスウェールズ州のペンダーズ（Penders）にあるマホガニー・ガムの森は、ある程度の意図的な園芸的造形があったことを示唆し、ビクトリア州とニューサウスウェールズ州の境界にあるバラクータ湖（Lake Barracoota）の近くのボラ（bora）［開始式典］の土地は、その区域が計画した儀式用の木立であったことを示している。今は低木が生い茂っているが、想像力を働かせてみると美しさは明らかだ。両方の場所を私の小説『野郎（*Bloke*）』」に含めたのは、それぞれの調和がとても印象的だったからだ。トーマス・ミッチェル（Thomas Mitchell）の日誌は、現場の記録だけでなく、素描も付いていたために、埋葬儀式を示す重要な記録である。ダーリング川の近くのミルメリディエン（Milmeridien）にある墓地を描いた彼の絵はとても美しく、穏やかな安らぎを感じさせる。

その埋葬地は、枝垂れたアカシアの茂みのなかの、妖精のような場所だった。それは広々としていて、まるで「精霊」のためだけに作られているかのように狭くて滑らかな歩道になっており、盛り上がった赤い土の間を優雅な曲線を描いて曲がりくねっていて、周りのアカシアや黒いモクマオウと見事な対照となっていた。コケが生えたものもあり、草で覆われた奥まった場所まで続いていたが、そこにはさらに多くの古代の墓の跡がわずかに残っており、これらの簡単だが人間の感動的な記録の跡があることを証明した。我々のあらゆる技術をもってしても、これらの貧しい野蛮人（savages）たちが死者のためにした以上のことはできないだろう。(57)

ミッチェルの絵を見ると、オーストラリアの歴史が私たちに受け入れるように主張してきたアボリジナルの人々についての野蛮な描写を信じ続けることはできないはずだ。

ミッチェルが描いたダーリング川（Darling River）近くのミルメリディエンの墓地。（南オーストラリア州立図書館）

アーネムランドのマニングリダ（Maningrida）では、埋葬後の喪に服す段階に関連した儀式のなかで、墓の上に大きな枝でできたシェルターや低い日除けが今でも見られる。興味深いことに、メモットの本には1970年からのマニングリダの町の空間計画が含まれている。ここは人口3000人の町に成長したとはいえ、言語と文化の空間的な分離にもとづいているため、現在でも同じ町計画を見て確認できる。2010年、マニングリダではフットボールが9チーム、サッカーが3チーム、その他いくつかのスポーツチームが活発な競技をおこなっていたことは興味深い。7日間で4回の本格的な試合がおこなわれ、ほかの夜には練習がおこなわれ、その後にバンドが現代音楽や伝統音楽を練習するのを見ることは珍しくない。とても活気があって興味深いコミュニティである。

現代のマニングリダの町は、家と繋がって外部に生活空間があるという魅力的な例だ。すべてのアボリジナルの共同体は、石の壁、茅葺き屋根のドーム、あるいはもっと開放的なシェルターがあるかどうかにかかわらず、いい季節には、建物の外で眠ったり、休憩するための空間を確保していた。

集団間の社会的相互作用は共同生活を維持する上で重要であり、屋外の生活空間はより広い社会での監視と相互作用を促進した。家の前に座って、自分の住んでいる地域の生活を見守っている人たちをよく見掛ける。ビクトリア州の都市部でさえ、この慣行は維持されており、気づかれずにアボリジナルの住居を通りぬけることは非常に困難である。

メモット、トムソン、ハミルトンのような人々がおこなった生活空間の研究は、内部空間と外部空間との調整の重要さを示している。これは現代のアボリジナルの住宅プログラムのデザインのなかでは検討されていない点だ。

これは伝統的なアボリジナルの建築技術のほんの少しの評価にすぎない。例の多くは簡素だが、複雑で永続的なものもたくさんある。この資料を調べることの重要性は、アボリジナルとトレス海峡諸島の人々は、せいぜい棒に1枚の樹皮をかけた程度の住居しか建てていないという、オーストラリアの一般的な認識を止めさせることにある。

ミッチェルによる墓の絵。（南オーストラリア州立図書館）

ブランドフスキーの埋葬地に対するとらえ方から着想を得てスタートが描いた絵。（ハッドン考古学・人類学図書館）

複雑な建築技術の知識がオーストラリア人の良心から抜け落ちている理由は、それを伝統的な経済についての現代の考察に組み入れようという緊急性ほどは重要ではない。私たちはアボリジナルの人々が建築技術を持たないと考え続けているが、土地に対するアボリジナルの愛着を退ける方が簡単だ。さらに、狩猟採集民というレッテルの使用を主張することは、アボリジナルの土地への権利を侵害している。

4

貯蔵と保存

陶器製造は西洋の考古学者が文明の発達段階を測るために適用してきたテストの一つである。オーストラリアのアボリジナルの人々は、一見したところ、このテストに受からなかったかに見える。中国、ギリシャ、ローマの見事につや出し加工された窯焼きの陶器はここでは見つかっていない。しかし、土器は作られていた。大部分は比較的粗製の天日乾燥の鉢だったが、いくつかは火のそばで焼かれていた。ほかのもの、特に小さな粘土製の置物は炭の床で焼かれ、あるものはミネラルで洗いつや出しされていた。

このようにして適用されたテストは、あるグループがヨーロッパやアジアの文明にどれだけ類似しているかをチェックするだけであり、社会的結束、戦争への抵抗、資源の持続可能な利用といったほかの分野での成功は反映していない可能性がある。

本章では、オーストラリアの陶磁器と食品保存の要素について考察する。なぜならば、それらの欠如が社会的後進性の指標として用いられてきたからだ。この考え方は、アボリジナルおよびトレス海峡諸島の人々の発展レベルについての考えを偏見に陥れている。オーストラリアの先住民が、焼いた粘土の容器を実際に使用し食糧を保存していたと指摘することは、土着のファースト・オーストラリア人の優秀性を主張しようとする試みではない。そうではなく、これが発展の段階を見るための唯一の評価基準であるならば、この国に陶磁器と食品保存が完全に存在しないと見なすことはできないと単に指摘する試みである。

もし洗練度の基準が、階級に関係なくすべての人々が食糧を与えられたか否か、あるいはすべての人々が文明の精神的および文化的健全性に貢献したか否かであるならば、オーストラリアのアボリジナルの人々は、人類の進化で太鼓判を押されていた一部の国よりもはるかに高い階級にあったかもしれない。

膨大な種類の材料で作られた貯蔵容器が全土で見つかっている。動物の皮や腸から作られた水筒は一般的な持ち物だった。南部沿岸の一集団は小型の水運搬用容器やポーチを作っていたが、長距離の運搬に使われると、より役に立っていたことだろう。タスマニアの大ウキモ［巨大なコンブ科の海藻］から作った水運搬用容器は、大変美しいアイテムである。光がなかを通し琥珀色に輝く。これらのオーストラリア人の間での知名度のなさは、それが便利か優雅かを表す指標にはならない。

初期の記録によると、家屋に下塗りをしたり貯蔵容器を作るための粘土の使用はオーストラリアの大部分で目撃されているが、不完全な乾燥と火入れの方法により、陶器が破片になるため、その後の調査で見落とされた可能性もある。食糧の保存も大陸のいたるところで見られている。ほとんどはすぐに消失したが、いくつかの骨化した貯蔵物が石室で発見され、ぴったりと合った石栓で保存されていた。

ゲェリッツェンは余剰食糧の貯蔵が農業国を示す指標の一つであると提案しており、オーストラリアで使われている三つのタイプの食糧貯蔵を定義している。それは「貯蔵（caching）・備蓄（stockpiling）・直貯蔵（direct storage）」である。[1]貯蔵とは、何らかの方法で保存され、保護された場所に置かれた小さな蓄えのことと彼は定義している。貯蔵の例として、彼はグレート・サンディ砂漠

(Great Sandy Desert) のクカダ (Kukatja) とピントゥピ (Pintupi) に言及している。彼らはアカシアとユーカリの種を収穫し、ほかのすべての食物がなくなった年の後半に食べるためにスピニフィクス［ツキイゲ］で覆っていた。

備蓄は何百人もの人々が長期間にわたって食事を提供される大規模な儀式の前の、もっとも一般的な方法である。そのような蓄えの例は多くの探検家に目撃されているが、これらは彼らの前進を支えるために利用された。

ゲェリッツェンの定義によれば、直貯蔵については、「種と果実、ナッツ、樹脂、さまざまな種類の塊茎、卵、肉、魚、魚油、さらにはムール貝」を貯蔵するための粘土と藁でできた部屋で証明できる。(2) 50キログラム以上の大きな穀物の蓄えも、動物の皮で縫い合わされた完璧な状態で見つかった。樹洞や石井戸も貯蔵に利用されていた。

皮袋は穀物やその他の農産物を保存するために頻繁に使われた。探検家のチャールズ・コクセン (Charles Coxen) はキャスルリー川 (Castlereagh River) の近くで45キログラムの穀物を発見し、ハウイット (Howitt) はポーペル・コーナー (Poeppel Corner) で50キログラムを発見した。アシュウィン (Ashwin) はバークリー平原 (Barkly Tableland) で、50軒の小屋が建ち並ぶ集落のなかで、直径180メートルの塀に囲まれた複雑な貯蔵所を発見した。そのなかには、高さ約7フィート［2・1メートル］、直径約16フィート［4・8メートル］の大きなミアミア (mia-mia) ［家族が集まるシェルター］が、米と同じくらいの大きさの草の種を詰めた長さ4フィートもしくは5フィート［1・2〜1・5メートル」の大きな木製の皿17枚を収納していた。[3] その貯蔵物には1トンにもおよぶ種子があった。スタート（Sturt）やガイルズ（Giles）などが何トンという穀物の発見についてすでに言及している（第1章参照）。

ハウイットは、バーク（Burke）とウィルズ（Wills）の捜索の際、穀物貯蔵の一つについて記述している。

> リプソン湖（Lake Lipson）の近くで、私の仲間の一人が泥で塗られた草でできた入れ物に2ブッシェル［乾量を測る単位。1ブッシェル＝約36リットル］ほど入っているのを見つけた。小さな粘土の棺のように見え、封がしてあった。ムニュウラ（ナルドゥ）は亜麻仁油かすのような味がし、灰のなかで焼いて熱いまま食べると決して不快ではない。[4]

あらゆる種類の食物が貯蔵し保存されていたが、牛や羊を飼う牧畜民の侵攻によりクラン集団が絶えず移動することを余儀なくされ、このような保存はさらに困難になった。

保存技術の多様性がもっとも初期のヨーロッパ人の証言で述べられている。粘土性のものは平らな固形状にし、製粉された小麦粉は大きな丸いボールにし、保存のために乾燥させた。魚粉を貯蔵していたことが記録されている。ほかの多くのもの、たとえば、毛虫、オオボクトウ蛾の幼虫、肉、肝臓も貯蔵前に、それぞれ違う処理がおこなわれていた。このような貯蔵物はしばしば特定の木の灰で覆われ、後に料理する前に種粉と混ぜられた(5)。

食物の保存と処理の科学によって、アボリジナルの人々は、処理なしでは有毒な食物を食用にすることができた。タコノキとソテツの実は、毒性の強い高濃度のアルカロイドを除去するために、しっかりと水に晒し、浸漬処理をおこなっていた。

その年のある時期には、ヤム・イモのなかにはアルカロイドを含み苦いものもあったが解決法はあった。以下はこの問題を解決するために多く使われた方法の一つである。「塊茎を部分に分けて調理する。輪切りまたは楔型切りにし、水で濡らした赤いゴムの木の灰を、ペースト状になるまで薄く塗り、良いオーブンで一晩焼く(6)」。

ナルドゥ(*Marsilea sp.*)はバークとウィルズを困惑させたが、チアミナーゼの含有量が非常に高い植物であるため、つき砕き、選別し、焼くなどの準備工程の前に、注意深く水に晒しておく必要がある。チアミナーゼはビタミンBの吸収を阻害するので、このことが探検家たちがこの食物で元気にならなかった理由かもしれない。彼が自分を生かそうとしてくれている人々に向けてピストルを発射するのを控えていたら、バークの不運な一行はこの必要な処理技術の説明を受けていただろう。

ナルドゥの上の葉は蒸し野菜にして食べられた。この植物がアボリジナル文化のなかで顕著に目立つのも不思議ではない。

このほか、処理しないといけない有毒植物にブラワング(*Zamia spiralis*)がある。焙煎して叩いた後、つぶしたものを2~3週間水に浸して毒素を取り除く。初期の園芸家アンセルム・ソゼット

（Anstheme Thozet）によると、マッチ箱豆も同様の複雑な調製が必要だったということだ。

ある種の植物は非常に多産だったため、収穫の間だけでなく、貯蔵された量を食べることができるようになると、多くの人々の集まりにこの食物が提供された。ブンヤ・ナッツ［ブンヤ・マツの実］はナンヨウ・スギ（*Araucaria*）属の針葉樹に由来するが、あまりにも多くの果実を実らせたため、大量の貯蔵を残すことができた。

オーストラリア・アルプスの人々の大集会は、夏に大量のボゴン蛾（Bogong moths）がやってきたことによって可能になった。アルプスは文化知識の重要な拠点であり、それらは周辺のすべての部族に伝えられた。この季節の祝宴は、興味深い政治的、社会的イベントであったに違いない。マナルー（Maneroo）、ビドウェル（Bidwell）、ガリゴ（Ngarigo）、ユイン（Yuin）、サワ（Thawa）、ディイリガンジ（Diringanji）、ワルバンガ（Walbanga）および、キャンベラからのガヌワル（Ngunuwal）は、これらの収穫に参加したクラン集団のほんの一部だ。

岩の割れ目から大量に集められた蛾はトックリの木の繊維で作った網に、またはカンガルーの皮の上に運ばれる。この蛾は熱い灰のなかで、羽と脚が焼けるまで短時間調理され、処理後の蛾は冷めるまで樹皮の皿の上に置かれ、それから集められて、頭部が落ちるまで網のなかでふるいにかけ、その後、体は食べるか、またはすり潰してペースト状にし、生焼けのケーキにして、保存するために燻製された。

ケープ・ヨークの牧畜業者ウィリアム・ジャーディン（William Jardine）は、蛾が「燃える砂でできたオーブンのなかに入れられ、すぐに覆いをし、数分でできあがるので、取り出すと美しい白い粒のように見え、ペポ・カボチャのようないい香りがした」と話していた。(7)

カラスたちも饗宴に参加するために集まったが、太りすぎて、狩りに夢中になっているため、アボリジナルの人々はそのカラスたちの頭を叩き、食べた。カラスが蛾の脂肪を食べた後だったため、カラスの肉は肉付きが良く、いい香りがしてごちそうだった。

収穫時は蛾を慎重に取り扱い、調理中に蛾の体が焦げてしまった場合には、大嵐が発生して蛾が沖へ飛ばされることで、大量の収穫が失われるといわれている。このような嵐は白人の移住者によって目撃されており、これらの出来事は蛾を狩る人たちに大きな苦難をもたらしたことだろう。(8)

調理法、保存法、食品の取り扱い方法は、厳格な手順と宗教的な監視によって管理されていた。ヤム・イモは、過度に傷つけたり、塊茎を傷めてはいけないようになっており、そうでなければ収穫者に一定の罰則が適用される。南部のマーノング［ヤム・ヒナギク］の収穫にも同様の規約が適用されていたが、すべて植物の保護を目的としたものだった。

この食事の豊かさは移住者たちによって証明されている。彼らはアボリジナルの人々が蛾の収穫が終わると元気になり、体が蛾の脂肪で輝いているのを見た。(9) 収穫期にこれほど多くの人々を養えるこの食糧の能力は、蛾の体重の50から60パーセントが脂肪であるという事実によるためだ。

これらの食品の貯蔵にはさまざまな種類の貯蔵容器が必要だったが、別の例で成形材料の使用が

石膏の帽子、成形材料を使用した例。（ハッドン考古学・人類学図書館）

過去10年間に発見されている。中央オーストラリアのある場所で、石膏《せっこう》やそれに似た材料でできた球状の容器が何十も発見された[10]。これらの工芸品は、オーストラリアの多くの地域でハーバート・バセドウ（Herbert Basedow）やほかの人々によって観察されてきたが、壊れやすいことで知られており、しばしば羊や牛の群れが土地を横切って移動したり、不法占拠者によってアボリジナルの村が焼かれたりして失われてしまった。この容器は喪服用の帽子、つまり未亡人の帽子で、夫の死後にアボリジナルの女性がかぶっていた。それは織った紐で型をとり、白い石膏の粘土であるコピ（Kopi）で覆って作られた。

　未亡人の帽子は、バーズビル（Birdsville）近くのシンプソン砂漠（Simpson Desert）で、

2人のワガクル（Wangakurru）の長老によって発見された。彼らは自分たちの年寄りから教えてもらった物語を遡って調べようとしていた。この場所には、40個の帽子と大きな砥石があり、その墓がかなり年長のアボリジナルの人々のものだったことを示している。これらの帽子は、過酷な環境のなかで200年も生き抜いてきた程の品質だ。異文化との接触前のアートや接触後の写真でしばしば出てくる。帽子は文化的伝統を植民地後にまで維持してきた人々によって近年になって製作された可能性はあるが、それでも初期の土器に関連した工芸品として存続している。

メルボルンのクーリィ・ヘリテージ・トラスト（Koorie Heritage Trust）のマリー・クラーク（Maree Clarke）は、2012年の彼女の展覧会で、これらを特集し悲しみに関連した儀式を紹介した。彼女の描写は魅惑的であるばかりでなく、オーストラリア人がアボリジナルの知識と彼らが作り出すもののほんの表面をかじっただけにすぎないということをちょうどいいときに思い起こさせてくれることになった。

ゲェリッツェンは儀式用の道具を観察した将校の言葉を引用して、いくつかの儀式用のものは石膏でできており、「まずそれを燃やして、混ぜて砂と水でセメントを形成し、必要な形に成形し、その後見たところでは削って仕上げていた」と述べている。(11)

粘土や石を使った料理用のオーブンは、陶器の原理をすべて使っており、同じ技術を使った埋葬所もある。同様に、井戸はしばしば乾燥している間に、焼成された粘土で裏打ちされていた。

蓋が密閉された長方形の桶は穀物で満たされた形で発見され、穀物やその他の食品の多くの貯蔵は草で作った袋に収納された。袋はその後粘土で塗られて不浸透性の容器が形成されていた。[12]

家屋の屋根の粘土コーティングは雨をはじき、室内の快適な温度を維持した。これらの張り板は天日乾燥されていて、ジョージ・オーガスタス・ロビンソン（George Augustus Robinson）がそれらの上で馬に乗ることができると主張するほどの強さと耐久性があった。

アボリジナルおよびトレス海峡諸島民の文明は、より洗練された陶器の使用に向かった軌道に乗っていたように見えるが、人類学者が狩猟採集の時代を離れ農耕に向かって進んでいたというところの社会の多くは、陶器のいかなる形態も使用しなかった。[13]

それが西洋文明がたどる歴史的な道筋だからという理由だけで、文明の証だと決めつけないように注意しなければいけない。『１４２１――中国が世界を発見した年（*1421: the year China discovered the world*）』の著者、ギャビン・メンジーズ（Gavin Menzies）が指摘しているように、西欧だけが文明化の段階に達したと仮定して話を進めるならば、火薬や陶器、天測航法技術を発明したのは中国人が最初ではなかったかのように振る舞わなければならなくなる。

中国はおそらく18世紀まで地球上でもっとも進歩した国であったが、西洋人が文明への真の道と考えるすべての段階を踏まずにそこに到達した。人種的偏見は観察と推論を曇らせる。

同じ知的偏見がオーストラリアのアボリジナル文明の状況に適用され、そうすることで最初の先住民との接触の際の膨大な証拠が単なる例外的な状況として却下された。その神話が生徒たちの心にしっかりと刻み込まれた今、不運にも地球の表面をさまよう先住民としてのアボリジナルのイメージは、オーストラリア人のアボリジナルにたいする「哀れみ」の気持ちを持たせ、彼らを国家形成の意識から追い払わせるのは時間の問題だった。

現代の考古学者のなかには、考古学は西洋諸国による「未開の」土地の占領を正当化するために考案された植民地戦略にすぎないと考える者もいる。ハッチングス（Hutchings）とラ・サール（La Salle）は、「考古学は常に帝国主義と資本主義の拡大の努力に結びついてきた……先住民の自然で、文化的、人種的な劣等を示すそのような『証拠』は、利益を得るために彼らの征服、同化、奴隷化を正当化しようとする者たちに利益をもたらした」と述べている。[14]

彼らはマクニーブン（McNiven）とラッセル（Russell）の主張を引用している。

> 考古学者と先史学者は、先住民、特に狩猟採集民が原始人（savagery）を代表しているということに疑いを残さなくてすむように、未開人（primordial man）の状態と段階的進歩主義という植民地主義者の考えを科学的に証明するために、考古学的記録を構築した。……この考古学は科学の厳格さとは関係がなく、植民地のイデオロギーと関係があり、……一般の人たちはアボリジナルの土地の植民地的な略奪を正当化し、現在のアボリジナルの先住権原の申し立てを違法にするために科学的な支持を得たいと考えている。

アボリジナルやトレス海峡諸島民がオーストラリアの歴史の見直しを要求したとき、多くのオーストラリア人は苦々しい思いをした。しかし、アボリジナルの人々は、彼らの歴史、文化、経済を日々守らざるをえない。

アボリジナルを劣っていると見なすことが、現代のオーストラリアの和解にどのように影響するかについて、以下の例が役立つかもしれない。

２００９年、私は妻の生涯の夢を二つかなえるために休暇をとった。北クイーンズランドのアボリジナルの芸術を見ることと産卵のために海岸にやってくる亀を見ることだった。

オーストラリアの地理を紹介する非常に価値の高い季刊誌を発行しているオーストラリアの団体が、理想的と思われる旅行パッケージを提供してくれた。安くはなかったが、妻に思い出に残る休暇をプレゼントすることができて心躍った。私たちは芸術、科学、自然史の分野の専門家と契約した。最初の晩、私はある専門家の話を聞いたのだが、彼はキンバリーを４ＷＤでトレッキングしたときの冒険について話してくれた。４ＷＤの見栄がもたらす魅力には引きつけられなかった。

思い出話が進むなか、私はあぜんとして黙ってしまった。このアボリジナル芸術の指導者は、彼がいかにして地元の土地審議会を欺き、その土地の制限地域にアクセスしたかを自慢しはじめたからだ。

私たちの偉大なオーストラリアの地理学者は、パイン・ギャップ（Pine Gap）の軍事施設に侵入したり、ピルバラ（Pilbara）の鉄鉱石鉱山を護衛なしでさまよったりすることなど考えたこともないだろう。しかし彼らは文化的に侵入制限された地域に入りたいという自分たちの要求が丁重に拒否されると、すぐに地元の警察に行った。

警察は生意気な黒人（blacks）の権威を挫折させる機会を楽しむように、奮い立った。「犯罪がおこなわれたと感じたら」彼らは私たちの冒険者にいった。「我々は好きな所に行ける」「我々は犯罪に気づいている」、そして彼らは声高に笑った。

そこで、警察は4WDのヒーローたちをイニシエーションの場所まで護衛していった。そこで神水にビール缶を投げ込み、警官支給のグロック銃で順番に缶を撃った。

「探検家」は、多くのオーストラリア人にとっては単にあつかましく見えるかもしれない土地評議会に対して勝ったことで満足気だった。一方、次に地元のアボリジナルの長老たちが若い男たちをイニシエーションの場所に連れて行ったとき、そこは弾丸の跡だらけのビール缶であふれていた。

この出来事でもっとも気がかりだったのは、これが長老たちの権威を傷つけていることだった。彼らは若者たちに、文化を維持し、アルコールのない責任ある生活を送ることの重要性を印象づけようとしていた。若者たちはすぐに、オーストラリアは長老たちの権威を意に介さないことを悟っただろう。

私はこの物語のなかで提示された恥辱に呆然としたが、亀の産卵を見るまで3日あったので、妻にはいわなかった。たしかに私はこれくらい長く唇を噛んで我慢することができたのだ。

2晩後、私たちが共用の火の周りに座っていると、美術の指導者は、キンバリーの芸術と文化をあざ笑った。一連の素晴らしい岩の絵画である「ブラッドショー」（Bradshaw）の絵画は1891年に牧畜業者のジョセフ・ブラッドショー（Joseph Bradshaw）によって登録されていると主張した。その「指導者」は、それらの岩絵がアジア人の作品だと主張し、アボリジナルの人々によって描かれるにはあまりにも美しいからだと述べた。

インドネシアのフローレスでの「ホビット」の骸骨の発見で知られる考古学者のマイク・モーウッド（Mike Morwood）は現在、精力的にこの絵画の研究をしている。彼は、これらの絵画は4万〜4万5000年前のものであり、オーストラリアへの初期の移住者の作品であった可能性があると考えている。重要なことに、彼はアーネムランドによく似た芸術があるとしている。そこでは、芸術品のパネルが落ちたことで、その下にある砂を熱ルミネセンス技術でテストできるようになり、この板がいつ落ちたのか、年代を明らかにする機会になった。

新しい分析は興味深いものになるだろうが、ほかのオーストラリアの地域での芸術の存在は、描写が似たような儀式用のドレスを示しているため、初期のキンバリーの画家が別の人種だったという考えを否定しているようだ。

西オーストラリア大学のピーター・ヴェス（Peter Veth）教授もこの議論を認めているが、次のように述べている。

> 文化の終焉の兆候は包括的ではなく裏付けられていない。……しかし私たちは気候変化の証拠を持っており、人々は自分たちの芸術で非常に異なった信号を送っている。……芸術ス

タイルの変化は新しい人々の存在を意味しない。図形の変更は多くの場所でアボリジナルのオーストラリア芸術で発生している。(15)

たしかに、アートスタイルの図形の変化は、いつの時代のどの芸術コミュニティでも常に起こる。私は以前にもすべての「優れた文明」の理論を聞いたことがあるが、旅行グループが出している雑誌の前月号にさえ、「ブラッドショー」の起源についての長文の記事があった。(16) このなかには地元のアボリジナルから「我々はこれらの絵画を描いていない」と聞いたという白人の専門家による誤解にもとづく反論も含まれている。いや、彼らの祖先は描いた。多くの芸術専門家にとってこれはあまりにも難しい発想なので、彼らは、この芸術がもっと洗練された人たちの作品だという考えに飛びついたのだ。アボリジナルの文化を誹謗するのに、これ以上いい方法はあるだろうか？

私は4WDのカウボーイたちに西オーストラリア大学と大学の雑誌は、そのようなナンセンスな考えを退けていると指摘しようとした。しかし、この「専門家たち」は否定を受け入れることがなく、私たちを黙らせたのだ。私たちは出発し自分たちで旅をした。

私たちは、亀が孵化するのを見て、ローラ（Laura）のアートサイトを見て回り素晴らしい2日間を過ごした。私たちはロックハート川（Lockhart River）で家族と過ごしたが、白人専門家との経験は心に焼きついた。屈辱はいつもそうである。

5

火

オーストラリアでの火の使用は、常にオーストラリア人の想像力の中心を占めてきたが、2009年2月のビクトリア州での悲惨な火事の後、さらに深く刻まれた。173人の命が奪われ、414人が負傷し、2029棟の家屋を失い、15億ドルの財産が失われたことで、国は国民の精神に火が果たす役割に注目した。私たちは火事を恐れている。

しかし、いつもそうだったわけではない。

シン（Singh）とカーショウ（Kershaw）のような花粉学者は、オーストラリアのアボリジナルが12万年以上も前に道具として火を使いはじめたという事実を支持する証拠を持っている。たとえほとんどの考古学者が人類による大陸の占有のはじまりを6万年よりも前ではないだろうと考えていても。

ティム・フラネリー（Tim Flannery）は著書『未来を食べる人（*The Future Eaters*）』でアボリジナルの火の使用が4万年前のオーストラリアの大型動物（megafauna）の絶滅に貢献したと示唆した。マッコーリー大学の生物科学部のジム・コーヘーン（Jim Kohen）は、1万2000年前にはじまった完新世まで、一部の地域で大型動物が生き残っていたという事実を指摘している。彼は、アボリジナルの人々の火の使用が植生帯に緩やかな変化をもたらし、その変化が道具技術に反映されることを示唆した。草原が発達し、大型動物が徐々に姿を消していくにつれて、アボリジナルの食糧生産は大きな動物の狩猟から小動物へと移行し、穀物や塊茎への依存が高まった。

コーヘーンによると、魚やポッサム［フクロ・ネズミ］などの小さな獲物を狩るために、槍先の加工技術が2000年ほど前に劇的に変化したという。穀物や塊茎への依存が高まると、穀物の収穫に使われるジュアン・ナイフ（juan knives）を含む道具の革新を引き起こした。ジュアン・ナイフは穀物の収穫に使われていたのをグレゴリー（Gregory）が見ている。掘り棒などの木器研ぎ用の手斧の生産量の増加は、ヤム・イモの集中栽培への移行を示している。

前述したように、オーストラリアでは、いわゆる集約化の時代がもっと早くはじまったと考える研究者もいる。アボリジナルの人々による土地利用についての革新的な考え方と調査は、ルパート・ゲェリッツェン（Rupert Gerritsen）、ビル・ガメージ（Bill Gammage）、ベス・ゴット（Beth Gott）、ジャネット・ホープ（Jeanette Hope）、ハリー・アレン（Harry Allen）、ジョン・ブレイ（John Blay）、ティム・アレン（Tim Allen）などの研究者がはじめた。彼らの研究は、オーストラリアの植民地期以前の歴史について科学者がこれまで考えてきたほぼすべてのことに、異議を申し立てることになるだろう。

初期の人類学者や歴史家は、茂みを連続的に燃やすことは、新しい植物を育て獲物を引きつけるための簡単な方法だと考えていた。しかしながら、上記のような最近の研究と探検家の観察を再調査すると、はるかに複雑な操作行為を示している。

ビクトリア州の灰の土曜日（ブラック・サタデー）火災のような森林火災は、一般的に湿潤な硬葉樹のユーカリ山岳灰林を中心としているが、樹木の中心の分析は、これらの森林における山火事はヨーロッパ人の到着以前にはほとんど知られていなかったことを示している。アボリジナルの人々がこれらの森林を管理する方法は明確ではないが、移住者と探検家の実録によると、モザイク模様の低レベルの野焼きが用いられた方法だったようだ。良質の土壌は生産に使われ、粗悪な土壌は森林に残された。

これらの森林周辺は、継続的に管理されていたようだ。オーストラリアを訪れた初期のヨーロッパ人のほとんどが、小規模な火入れの頻度について述べている。ゴット（Gott）はトーマス・ミッチェル（Thomas Mitchell）の言葉を引用している。

ここでは、人は障害なしにかなりの距離を馬に全力で疾走させ、まだ目の前にははるかな光景が見える……草と若い苗木の原住民（natives）による毎年の定期的な野焼きした場所を省くと、若いシドニーの厚い森にもっとも近い開けた林地にすでに若い木が茂っている。木……カンガルーはもう見られない、草は下草で窒息して生息できない。草を燃やす原住民（natives）もいないし、入植者が建てた垣根のなかで火を使うのももはや好ましいことではない。(1)

ミッチェルは、今日のオーストラリアの景観における管理された火付けを妨げている障害、すなわち農場の柵に行きあたった。貯蔵用の離れ家、干し草、設備、そしてもちろん個人の家、電力、灌漑ラインと同じように、柵をめぐらすのは高くつく。

1789年にフィリップ（Philip）総督は、森の木々は少なくともお互いに20～40フィート［6～12メートル］離れて成長し、下草はほとんどなかったことを観察した。(2) 早くも1827年に、ピーター・カニンガム（Peter Cunningham）はパラマタ（Parramatta）とリバプール（Liverpool）の田園地方を、木が生い茂っておらず、下草が生えていないので、縦横無尽に障害なく馬車を走らすことができると述べている。最初のヨーロッパからの移住者は、手入れの行き届いた英国の公園を連想した。(3)

アボリジナルの人々が伝統的な野焼きを実施することを何年も阻まれている間に、田舎は低木層の品種でいっぱいになった。ギプスランド北東部の古い入植者の家族は、祖先が1840年代にアボリジナルの人々に彼らの故郷［カントリー］を見せられたとき、狭い川の谷を含むすべての平原はきれいでよく草が手入れされていたと私に話してくれた。今日の渓谷を見ていると、ほとんど想像もできないほどで、この地区に近代になってから長期定住した農民たちは、彼らの農場がかつてどのような姿をしていたかを聞かされると懐疑的だった。

オーストラリアの古生物学者で植物学者のノーマン・ウェークフィールド（Norman Wakefield）は、古参の一人、J・C・ロジャース（J. C. Rogers）の記憶を記録している。

低木を燃やして、牛にもっと短い甘い餌を与えることが一般的なことだった……習慣はできるだけ頻繁に国土を燃やすことだった……1月と2月のもっとも暑くてもっとも乾燥した天気のなかで、火ができるだけ熱くなるように、そしてきれいに燃やすために。（しかし）長く続いた習慣は……樹木の茂ったすべての地域での低木の大幅な増加をもたらした……火災は木の種を発芽させ雑木林を生み出し、やがてほとんど入り込めない森となった。(4)

火付けのタイミングと強度を変えたため、国土の性質を根本的に変え、それまで生産的であった農地が10年以内に荒廃した。

コーヘーン（Kohen）はこの状況を要約している。

アボリジナルの人々は、環境の生産性を高める手段として火を利用したが、ヨーロッパ人は火を脅威と見なした。定期的に低く抑えられた人為火付けがおこなわれないと、落葉落枝が蓄積し、樹冠火が発生して、行く手のすべてが破壊される可能性がある。ヨーロッパからの入植者たちは火事を恐れていた。火事は彼らの家や作物を破壊し、彼らを破壊する恐れがあったからである。しかし彼らにとって魅力的な環境は火によって作られたのだった。(5)

リース・ジョーンズ（Rhys Jones）はさらに強調している。

１７８８年当時のような環境を保全したいのか、それとも３万年以上前のような人間のいない環境を求めているのか。もし前者なら、アボリジナルがしたように、管理された条件下

で定期的に燃やさなければならない。(6)

アボリジナルの人々はまた、住居、聖地、水路、近隣のクラン集団の土地を守らなければならなかったが、彼らの計画はずっと柔軟だった。植民地期以前の火の利用とそれ以降の野焼き利用との決定的な違いは、火の強度と利用可能な燃料負荷である。

アボリジナルの火付けの方法は五つの原則にもとづいていた。一つ目は、大部分の農地は［火の］強度を制御する循環するモザイク上にあり、植物と動物が避難所で生存できるようにしていた。二つ目は、火をつける時期が、焼かれる地域の種類や当時の草の状態によって異なるということだ。三つ目は、火付けのタイミングを決めるのは、そのときの一般的な天候だった。四つ目は、近隣のクラン集団にすべての火災活動について知らせることであった。五つ目は、特定の植物の成長期は、どんな犠牲を払っても避けていた。

この研究された方法の例は、ヨーロッパ人が火を使う頻度が低すぎて、条件が悪いことが明らかになった際、アボリジナルの人々がヨーロッパ人に与えたアドバイスに見ることができる。解放された元囚人ロバート・アレクサンダー（Robert Alexander）は、アボリジナル集団ビドウェル・マープ（Bidwell-Maap）のジノール・ジャック（Jinoor Jack）から東ギプスランドのジェノア渓谷（Genoa Valley）の低木をいつどのように燃やすか具体的な指示を受けた。2月か3月に、樹液が下がりはじめるもっとも長い日の後に焼くように勧められた。その期間には、午前中には西風があり、午後には北東へと変化し、自然に奥地を燃やす。[7] アレクサンダーはこれを5年ごとに繰り返さなければならないといわれた。

初期の入植者の多くは、茂みがどれだけ開けていたか、火付け制度が中断された後に再増殖が起こったときよりも移動がいかに容易だったかについて意見を述べている。ジェノア地域では、ジノール・ジャックが提案した時期に、朝露と短い日がはじまったのは興味深いことだ。

それぞれの地域には特定の要件があった。たとえば、ヤム・イモの地区は、植物が種子を落とした後に火付けがおこなわれ、塊茎は休眠中だった。エドワード・カー（Edward Curr）は、火付けの間隔は約5年と書いている。ドナルド・トムソン（Donald Thomson）は、1949年にアーネムランドで火付けを観察し、どのようにそれらが長老たちによって厳しく管理されていたかについて述べている。メアリー・ギルモア（Mary Gilmore）、A・P・エルキン（A. P. Elkin）、ドナルド・トムソンを含むほかの論評者は火付けが土地との精神的なコミュニケーションの一部であることに気がついた。

茂みの部分は、多くの論評者が推測するように、深緑の成長を促し、獲物を引き寄せる試みとして定期的に燃やされていた。これはおそらく周辺的な作用の一つだろうが、ますます多くの証拠が、火付けは耕作計画の一部であったか、または一部の研究者が言及しているように、ファイヤー・スティック農法（fire-stick farming）［野焼きのような方法］の一部であったことを示している。

マーノング（yam daisy）［ヤム・ヒナギク］の消失は植民地期以後の火付け方法と直接関係がある。羊の導入と管理された火付けの禁止は、植物が生態学的に必要とするいくつかの重要な要素を後退させた。今日発見されているヤム・イモは、鉄道の端や家畜から隔離された土地で、過リン酸塩が使用されていない所だけで発見されている。

極東ギプスランドのアボリジナルと非アボリジナルの人々で構成される研究グループは、ビクトリア州東部で長い時間をかけてマーノングの残存植物を探したが、ジョン・ブレイ（John Blay）とエデン先住民土地委員会（Eden Aboriginal Land Council）のメンバーがオーストラリア・アルプスのバンディアン・ウェイ（Bundian Way）で畑の区画を発見するまでは、大した成果はなかった。それ以来、私たちはさらにいくつかの区画を発見した。認識を高めることで、ほかの場所にも光を当てることになるだろう。

ブレイは、バニラ・リリー（*Arthropodium milleflorum*）のような植物が、この地域の主要なデンプンとタンパク質の供給源として同じくらい重要であったかもしれないと示唆している。マーノング（yam daisy）の植林試験は5年目に入っており、収集されたデータにより、このグループは東ギプスランドの伝統的な食事に含まれるヤム・イモやほかの塊茎を評価することができるだろう。その目的は、この国のアボリジナル経済の大部分を分析することだ。

ヴェリッツェンは、植物の栽培化、すなわち人間の介入が持続的になったときの植物の改変について述べている。ヤム・イモの栽培化により、何千年にもわたる根の収穫後に人間の活動にヤム・イモが依存するようになる。(8) 植物個体数の減少、火付けがないことによる炭素の減少、アボリジナルの耕作の中止による土壌の圧密化、および収穫の停止の結果、栽培化が現在後退しているのかどうか知ることは興味深いだろう。

同様に、ワラビー・グラスとカンガルー・グラスの草原の状態は、この地域の植民地期以前の食習慣の経済活動を理解するために重要だ。2012年1月に東ギプスランドのマーロ（Marlo）とマラクータ（Mallacoota）で実施された調査では、これらの植物の大部分が、前年におこなわれた管理された火付けの後、海岸の荒野で繁殖していることがわかっている。

ある自然主義者は腰の高さにあるカンガルー・グラスの穂先に腕をさっと伸ばし、一握りの穀物がこれほど簡単に収穫できたことに驚いた。この地域の考古学コレクションに戻って道具を調べ、これらの穀物の収穫と関係のあるものがあるかどうかを調べる必要がある。

これらの草原のいくつかの穀物は2017年の夏に収穫され、粉にされた。これらの粉から作られたパンを試食したパン屋やレストラン業界の関係者は、この植物を切望している。それだけではなく、これらの植物は温室効果ガスを削減するための方法をも与えてくれる。なぜなら、これらの草は多年生だからであり、その巨大な根茎は炭素を隔離することができるからだ。補足的な利点は、種を蒔くために土地を耕す必要がないことと、そのためにトラクターやディーゼル燃料の使用が削減されることであり、どちらも炭素排出に優しい技術革新である。

草原は焼かれていたが、土壌に侵入して栄養を枯渇させないように軽く焼かれていた。管理された火付けにより炭素排出が最小限に抑えられていたのである。

アボリジナルの農業における火付けの重要性は、1983年の灰の水曜日（Ash Wednesday）の火

2017年のマラクータ空港（Mallacoota Airport）での収穫。
（リン・ハーウッド）

吹き分けと分類、ジプシー・ポイント（Gipsy Point）にて、2017年。
（ヘレン・スティーガル）

事の後、「塊茎の多年生植物の驚異的な開花」があったという事実によって証明された。[9] これらは人間と火の植物栽培に関する相互調整に適応し、植物生態学の重要な部分となっていた。

西ギプスランドのドルーイン（Drouin）近郊に長年住んでいたダリル・トンキン（Daryl Tonkin）は、1939年の大火事を覚えている。この火災によりヨーロッパ人は燃やすことを躊躇し、切り倒された木の頭を燃やさないままにしておく習慣になった。

それでも、火事の後の再生は信じられないものであった。「火は森に良い、種は熱い灰なしでは発芽できない。昔は、やぶのなかに住んでいた黒人（blackfellas）が、動物や鳥のためにやぶを燃やして世話をしていた……何年も休眠していた植物は、火の後に成長する」。[10]

つい最近の1983年には、ビクトリア州南西部のアングレシー（Anglesea）で秋の火事が発生し、翌年の春に塊茎を持つ植物が驚くほど多く開花した。[11] 草原は周期的な火付けから恩恵を受けることが知られているが、アボリジナルおよびトレス海峡諸島民の食物の主要なものであった塊茎植物の促進に火が果たしていた役割についてはほとんど認識されていない。

ベス・ゴット（Beth Gott）は、オーストラリアで最初のヨーロッパ人が、手つかずでも野生でもない、変化し管理された土地を目撃したとしている。たしかに火災が国土の性質を決め、重要な食用植物に味方していたに違いない。彼女は、「火はアボリジナルの人々が系統的に、目的を持って景観の管理に使用していた強力な道具である……アボリジナルの人々による火付けは巧みで、19世紀にヨーロッパ人によって植民地化された土地を管理するための中心的な手法であるということはほとんど疑いようがない」というボーマンの発言を引用している[12]。

火の使用は、草原を隔てる樹木の帯が維持されるように管理され、小さな雑木林であっても、それを守るために火付けを賢明に使用し、開けた平野にとどまることができるように配慮された。アボリジナルの人々は火を使って平原と森林と雑木林を結びつけていた。彼らの経済の収益を高めるために計画され管理されていたのである。

ビル・ガメージ（Bill Gammage）はジョン・ロート・ストークス（John Lort Stokes）とエドワード・カー（Edward Curr）をそれぞれ引用している。「彼らが火のように危険な媒介物をことさら管理する器用さは本当に驚くべきものである」[13]「ここにあるのは、こうした未開人（savages）たちの手にあるもう一つの道具で、それはいくら評価しても過大にはならないような結果として認められている。私は、ファイヤー・スティック農法のことをいっている。というのは、黒人（blackfellow）が絶えず草や木に火をつけていたからだ……彼は土地を耕し、火で牧草地を耕した」[14]。

ティム・フラネリー（Tim Flannery）は、アボリジナルの人々が「オーストラリアの環境のなかでエコロジカルの元締め」になったと考えている[15]。彼は、２００９年にノーベル経済学賞を受賞したエリノア・オストロム（Elinor Ostrom）の研究を挙げる。オストロムは、ある条件下では、主に部外者を排除する能力と相互に合意した規則に依存することによって、人間は相互的かつ持続可能な様式で、「共有地（the commons）」と呼ぶものを管理できると信じている。

フラネリーは、アボリジナルの社会がこれらの条件に合っていたと考えている。

「ファイヤー・スティック農法（fire-stick farming）」という言葉が示すように、アボリジナルの火の使い方は、ある意味で農耕に似ている。ある時期にある種の作物を生産し、雑草を抑制し、注意深く制御されている……アボリジナルの人々は、外部の者を排除したり、条件が許す限りは招いたりして、自分たちのクラン集団の土地を厳しく保護している。また、誰がどの資源に対して権利を持つかについての明確なルールや、競合を解決し罰則を適用するための高度に進化したメカニズムもある。これにより、オーストラリアのアボリジナルの人々は4万5000年間、オーストラリア大陸の生態系の要石となってきた。ヨーロッパ人が彼らに取って代わるにつれ、オーストラリアの脆弱な環境は、生産性と多様性のはるかに低い国家へと堕落した。[16]

ビル・ガメージは、オーストラリアのアボリジナルの火の利用について徹底的な研究をおこない、現代でさえ、草地の生産はカンガルーやエミューをおびき寄せるために使われてきているが、本来は計画的な穀物の種まきや塊茎の収穫から家畜を遠ざけるために使われてきたことに気づいた。彼は、カンガルーの牧草地と農地の間に井戸を設置することで、動物が必要とするものすべてをまかなえるようになり、動物は作物専用の地域に入る理由がなくなったと推測している。心理的な垣根だ。

たしかに、カンガルーやほかの小型哺乳類、エミューにとって有利な草原を作ることで、アボリジナルが獲物を見つけ、利用できるようになった。火を巧みに利用すると、ある地域では甘い緑の餌（草のこと）が生産され、別の地域では生い茂る乾燥した餌に覆われる。火は動物が集まる場所を決めるために使われた。

ガメージは、以下のように火が使われていたと主張している。

大地を形成するために……火は偉大なトーテムであり友人だった。人々はそれをいつ使うべきか、いつ使うべきでないかを知っていた。彼らは、もし火を普遍的な法律と現地の慣行に従って放てば、彼らが望むことをしてくれるだろうとわかっていた。そうしないのであれば、火の機嫌が悪くなった……ソング・ラインのように、火がオーストラリアを一つにまとめていたのだ。近隣住民が同じ法律に従い、火入れをするかしないかの調整をしたため、景観は長い間その広範囲なパターンを保持できたのである。[17]

彼の主張によると、ケープ・ヨークの人々は、相互に6～7キロメートル離れた地面を焼いたが、混乱したカンガルーの群れはそれくらいの距離を移動できるだろうと認識していた。そのためその群れが一つの区画を離れても、アボリジナルはカンガルーを見つける正確な場所を知ることになる。『地球上でもっとも広大な用地（*The Biggest Estate on Earth*）』の本のなかでガメージは、最良の土地は牧草地と作物栽培に使われ、劣悪な土壌は森林に使われたことを示している。その土地は、無作為の火付け体制の一部としてではなく、食糧資源を最大化する計画の一部として、更地と森林からなるモザイク型に分割された。彼はこれらのモザイクをテンプレートとし、その複雑さについて説明している。モザイクは個々の作物を保護し、町にシェルターを提供し、生活圏の美学を向上させるのに役立った。

植民地期の芸術家は、初期の絵画のなかでその風景について誤った表現をして風景が英国のようだと美化したとして非難されてきた。(18) 芸術批評家や歴史家は、公園のような国土が描かれているのは、芸術家の郷愁とこの国へのなじみのなさが原因ではないかと論じた。ガメージはいくつかのそれらの象徴的な植民地時代の絵画の場所を訪れ、それらが主題に一般的に忠実であり、特定の岩や木はその独特の配置によって今日でも識別できることを発見した。

ポート・フィリップの測量技師ロバート・ホドル（Robert Hoddle）らは、この景観美を作り上げるのにどれだけの配慮が必要かを強調するのに苦労した。低木が除去された林を利用してパターン化し、ガメージが「テンプレート」（templates）と呼んだ魅力的なモザイク模様を作り出した。それらはただ美しいだけではなかった。生産のために機能している地域であり、さらに管理が行き届いていたため、制御不能な火災のリスクが排除できていた。

インフラ、住宅、フェンス、離れ家、送電線の存在は、同様の方法を採用することを複雑にしているが、それを妨げるものではない。私たちはただその国について違う考え方をしなければならず、アボリジナルの人々が火を管理する能力を調査しなければいけない。オーストラリア人はアボリジナルの文化を知らないため、ベス・ゴット（Beth Gott）が２００２年にこれに終止符を打つまで、タスマニアのアボリジナルの人々は2世紀の間、生き延びるのに火をつける方法を知らなかったという神話があった。オーストラリアの大部分の地域では考古学的研究が不足しているため、このような誤った認識が残り続けている。そして、学者たちに資金を提供し、アボリジナルの火の管理に関する真の知識を探求するよう奨励しなければならない。もちろん、その調査はオーストラリアにおけるアボリジナルおよびトレス海峡諸島民の人々との話し合いからはじめるべきである。

6

天界と言葉と法

オーストラリアで何かが起こっていた。探検家たちはそれに気づき、何人かはそれについて書いた。しかし、ヨーロッパの農業のための土地を見つけることが彼らの、そして彼らの後援者の第一目的だったため、彼らが観察している多くは見て見ぬふりをされた。

それにもかかわらず、現代の学者や研究者がアボリジナル研究で展開された基盤となる仮定を再考している。すると、多くの考古学者や言語学者が、多くが4000年から5000年前に起こったと主張している食糧生産と技術の「集約」(intensification)の時期について、調査するようになった。これらの新しい方向性は勇気づけられるものだが、いくつかの文化的な思い込みがまだ解消されていないことがわかる。

オーストラリア国立大学で開催された2013年の歴史シンポジウムで、著名な言語学者であるマイケル・ウォルシュ(Michael Walsh)は、「集約」の時期とそれに伴う言語の変化についての説はまだ単なる学説にすぎず、もっと高いレベルの検証が必要だと注意を促した。

米国の人類学者アラム・イエンゴヤン(Aram Yengoyan)によると、考古学者や人類学者によるアボリジナル社会の解釈は、儀式と式典をしばしば宗教的、哲学的な行為として認めない人類学理論における今日の支配的な潮流を映し出している。[1]「道徳は、ドリーミングだけから生まれるのではない。それはまた、すべての人間の果たすべき義務の基礎となる、十分に発達した道徳的な行為の感覚の表現でもある、事実上すべての振る舞いから生まれる」。[2]

アボリジナル社会の文化が十分に信頼されていなければ、成果は誤解されやすい。伝統的社会の

郵便はがき

料金受取人払郵便

神田局
承認

6430

差出有効期間
2022年12月
31日まで

切手を貼らずに
お出し下さい。

101-8796

537

【受　取　人】

東京都千代田区外神田6-9-5

株式会社 **明石書店** 読者通信係 行

お買い上げ、ありがとうございました。
今後の出版物の参考といたしたく、ご記入、ご投函いただければ幸いに存じます。

ふりがな お名前	年齢	性別

ご住所 〒　　-

TEL （　　） FAX （　　）

メールアドレス	ご職業（または学校名）

＊図書目録のご希望	＊ジャンル別などのご案内（不定期）のご希望
□ある □ない	□ある：ジャンル（　　） □ない

書籍のタイトル

◆本書を何でお知りになりましたか？
□新聞・雑誌の広告…掲載紙誌名[ ]
□書評・紹介記事……掲載紙誌名[ ]
□店頭で　□知人のすすめ　□弊社からの案内　□弊社ホームページ
□ネット書店 [ ]　□その他[ ]

◆本書についてのご意見・ご感想

■定　価	□安い（満足）	□ほどほど	□高い（不満）
■カバーデザイン	□良い	□ふつう	□悪い・ふさわしくない
■内　容	□良い	□ふつう	□期待はずれ

■その他お気づきの点、ご質問、ご感想など、ご自由にお書き下さい。

◆本書をお買い上げの書店
[　市・区・町・村　書店　店]

◆今後どのような書籍をお望みですか？
今関心をお持ちのテーマ・人・ジャンル、また翻訳希望の本など、何でもお書き下さい。

◆ご購読紙　(1)朝日　(2)読売　(3)毎日　(4)日経　(5)その他[新聞]
◆定期ご購読の雑誌 [ ]

ご協力ありがとうございました。

ご意見などを弊社ホームページなどでご紹介させていただくことがあります。　□諾　□否

◆ご 注 文 書◆　このハガキで弊社刊行物をご注文いただけます。
□ご指定の書店でお受取り……下欄に書店名と所在地域、わかれば電話番号をご記入下さい。
□代金引換郵便にてお受取り…送料+手数料として500円かかります（表記ご住所宛のみ）。

書名	冊
書名	冊

ご指定の書店・支店名	書店の所在地域 都・道　府・県　市・区　町・村
	書店の電話番号　（　　）

経済的基盤は哲学的信仰や宗教的信仰と不可分である。霊的生活を単なる迷信や神話と見なすことが、食糧生産の実質的な進歩を見えなくさせている。

すでに述べたように、ダーウィニズムは19世紀と20世紀の思想と行動の大きな推進力だった。これに触発され、ハウイット（Howitt）のようなアマチュア民族学者たちは、アボリジナルの人々が人類のなかで次第に影響力が小さくなっていることを何とかして証明しようとした。ハウイットはアボリジナルの人々とほかの人々よりもたくさんの関係を持ち、ギプスランドにある彼のホップ農園で彼らを雇っていた。しかし、彼は姉に手紙を書いている。「オーストラリアの黒人（black）は生まれながらの『野人（wildman）』であり、『ブラックアモア（blackamoor）〔黒人の蔑称〕を洗い流してやる』ことはできない……彼らは子どもの心で大人の体を持っている」[3]。

歴史家のベイン・アトウッド（Bain Atwood）は、ハウイットが「アボリジナルの人々との関係の基礎を形成したさまざまな活動において、彼・彼女らとはまったく異なる動機があった。相互に利益があったこの関係は、ハウイットの側の特別に慈悲深い態度や行動の結果ではなく、むしろ偶然だった」とコメントした[4]。

一部の探検家はアボリジナルのガイドをクリスチャンネームで呼んでいたが、ハウイットは「ネイティブ・ボーイ」（native boy）「ブラック・ボーイ」（black boy）「ブラック」（black）と呼んでいた[5]。アボリジナル文化を軽蔑していたが、彼は黒人（black）の専門家としての名声を意識し、農場の人々が強く拒んでいるにもかかわらず、イニシエーションの儀式をやって見せるようにせがんだ。

結局、彼は神器を持ち出して自分の収集品に入れ、イニシエーションのときに拝領したと装った。噂によればこれが彼が前歯を失った原因だといわれている。しかし、ハウイットはイニシエーションをしたことはなく、西洋人の優位性についての彼自身の理論を進めるために、単に嘘をついていただけだった。

ハウイットと彼のような人々は、オーストラリアの機関から奨励されて活動していた。その機関は、アボリジナルの人々とその文化が消滅し、あるいはせいぜい沈没していくのを監視するために活動しているのだと信じていた。

先住民の哲学を理解しようとするならば、それは土地への強い責任感からはじめなければならない。デボラ・バード＝ローズ（Deborah Bird-Rose）は次のように述べている。

たとえば、カントリー（故郷）の状態は、そこの土地所有者がながらく行使してきた責任を具体的に証明できる。このため責任は重大なのである。それらを認識という世界に隠すことはできない……道徳的な行動の否定を選択する状況下にあって、自分の望みを遂行することは、秩序と調和の表れである宇宙に背を向けることであり、ひいては自分自身に背を向けることになる。(6)

この見解を支持するものとして、バード＝ローズは民族学の理論家ビル・スタナー（Bill Stanner）

の言葉を引用している。「アボリジナルの人々には、世界を正しいか正しくないかという基準で裁く神がない」。そのため、宇宙のすべての部分には意識があり、その行動に責任を持たなければならないのだと彼は主張した。(7)

すべての行為に宗教的な目的が深く浸透しているため、神聖なものとそうでないものとの間に区別はない。草を燃やすという単純な行為には、物語が付随している。それは規則にもとづいた行為をするときに必要となる有益な物語である。スタナーは、すべての神話が典型的なものであり、「身体、精神、ゴースト、影、名前、魂が宿る場所、トーテムの概念をある種の一体性に包み込む」と確信していた。(8)

彼はオーストラリアの戦後の知的思想を再検討した結果、急成長している自己意識的な国家主義が、アボリジナルの人々を国家を形成する一員であるとはほとんど考えていないことを発見した。私たちの知識人たちは、「景色全体の4分の1を排除するように注意深く配置されている窓からの景色」を見ていたのだ。(9)

これが、私たちの国民がオーストラリアのアボリジナルの人々を偏見で見る窓だ。すなわち、先住民が劣っているとする考え方が理論とイデオロギーとを分かちがたく結びつけているという仮説である。

アボリジナルおよびトレス海峡諸島民の言語に関する議論は、人々がオーストラリアに最初に到着したのがいつだったかについての固定した見解によって妨げられている。言語学者のなかには、言語はほかの場所から来たと推測しながら北から南へ押し寄せていたと主張している人もいる。問題は、最近の考古学的な発見が、新たな調査を実施するたびにオーストラリアを人類が占有した日付が古くなり、「集約」の起源も変更を迫られているように見えることだ。オーストラリアの農耕「集約」の時代について検証している理論家の多くは、彼らのいう4000年から5000年前よりもはるかに早く起こっていることを示す証拠を無視しているように見受けられる。

すべての思想が人種的優位性の仮定に支配されていた20世紀の「移動を支持する者（migrationists）」のように、「集約を支持する者（intensificationists）」もまた、人間は永続的な発展軌道に乗っていなければならないという考えの影響を受けているように思われる。しかし、発展する文明はほとんど最終的に行き詰まり、発展に執着する現在の西洋文明は、ローマ人、フェニキア人、エジプト人のようになる運命にあると警告するジャレド・ダイアモンド（Jared Diamond）のような理論家によって疑問視されている。

しかし、もし探検家たちが見たといったことを受け入れるなら、アボリジナルの歴史は私たちの国民が信じている以上に複雑だ。もしそれが真実だと認めるなら、次に自問することは、それがどのようにして可能になったのか？　そのシステムはどのように管理されていたのか？　である。

土地とその生産性の微妙ではあるが包括的な管理は、持続可能な経済を追求する国にとって取り組む価値のある研究である。土地の所有や管理に対する見方が変わるかもしれないということは、パニックの原因にはならない。柵で囲うというのは、アボリジナルとヨーロッパの土地利用の大きな違いの一つだが、それなしの農業は想像できる。

非常に重いトラクターが巨大な刈り入れ機を引くことができるようになったとき、ビクトリア州西部のウィメラ（Wimmera）地域にある近隣の農場のいくつかは、すぐにトラクターがまっすぐに走れるように柵を取り除いた。それは経済的な必須課題であり、いくつかの初期の困難を引き起こしたが、農民は、そうすることが彼らの利益であったため、変化に適応した。ガメージ（Gammage）がいうように、「地上の柵は心のなかに柵を作る」[10]のである。柵を取り払うことを想像するためには、考え方を変えなければならない。

私たちは火の応用で似たようなことをすることができるだろう。当初の不便はあるかもしれないが、利点を認識した後は、柔軟な気持ちを保持している限り、私たちは非常に賢く適応できるだろう。その際、共産主義の前進といった論理的変化や「原始的な（primitive）」アボリジナルの技術への回帰と混同してはならない。

アボリジナルの統治に黄金律はないかもしれないが、少なくとも8万年間、アボリジナル社会の性質に対して試されてきた農耕、環境保護、文化、そして政治には、オーストラリア国家に対して何か有益なメッセージを残す要素があるのではないだろうか。

政府

アボリジナルの経済が狩猟採集システムなのか、それとも急速に発展した農耕なのかについて議論することは、中心の問題ではない。重要な点は私たちがそれを国家として議論したことがないということだ。アボリジナルの人々が「単なる」狩猟採集民だったという考えは、土地の強奪を正当化するための政治的道具として使われてきた。土地権を申請することはすべて、アボリジナルおよびトレス海峡諸島民の人々が利用可能な資源を集めていたにすぎず、土地管理という土地との相互作用がなかったという考えにもとづいている。すなわち先住民は土地を所有したり利用したりしなかったという考えである。

もし、探検家たちが示してくれた証拠を見て、たしかにアボリジナルの人々は家を建てた、ダムを建てた、種を蒔き、灌漑をし、土地を耕し、川の流れを変え、衣服を縫い、そして平和と繁栄を生み出した汎大陸政府のシステムを確立したと子孫に説明するのであれば、私たちはますます自分たちの土地を称賛し愛するようになるだろう。たしかに称賛と愛はそれ自体では十分ではないが、だからこそ大陸とのより生産的な交流の基礎となる。

先住民（First Peoples）は土地を放浪しているだけで、食糧資源をどのように栽培し管理するかについて何も知っていないというふうに振る舞うのは、ある種、支配者の偏屈である。賢明なビジネスマンは、特に成功の秘訣がある場合は何も排除しない。

アボリジナルおよびトレス海峡諸島民のソング・ライン〔アボリジナルが自然信仰にもとづいて音楽や絵画、物語、ダンス等、さまざまな形で伝達した「道」のこと〕は言語集団やクラン集団と結びつき、大陸の端から端に伝わった。ソング・ラインの文化、経済、遺伝、芸術といったそれぞれの線を一つに収めた導管が、商品、芸術、ニュース、アイデア、技術、結婚相手を大陸各地に点在する交易センターへともたらした。

ブレワリナの魚捕獲罠、コンダー湖の鰻漁、ワーバートン川（Warburton River）流域のスタート（Sturt）の穀物畑は、そうした点在するセンターの一つであったし、メルボルンの植物園は、クラー・クルップ（Kuller Kullup）のような重要な哲学者によってオーストラリア・アルプスからもたらされた偉大なドリーミングと創世の物語にもとづくコロボリーへと送り出すための出発点だった。

私たちは、その交換のルートに沿ってビクトリア州のウィリアム山（Mount William）採石場から緑色岩の石斧をたどることができる。私たちは、ダンスや音楽の取引のアイデアの要素が行ったり来たりするのを国中で見ることができる。そして、注視してみるなら、新しい家で繁茂している土着の植物が、黒人（black）商人の手によって最初にこれらの地域にもたらされたことを発見するかもしれない。

アボリジナルの人々が文化的で地理的な境界を越えて自分たちの景観や経済を管理していたことを受け入れるなら、その協力がどのようにしてほかの文明に共通する物理的な抑圧や戦争に頼ることなく作り上げられたかを考える必要がある。

これまでおこなわれてきた考古学やその他の学問分野における調査のすべてにおいて、これらの交易路が土地の領有権争いに利用された時期について特定されたことはない。ギリシャ人とローマ人のフレスコ画と陶磁器は、戦争と拷問を支配の要素として特徴づけている。しかしながら個々の暴力行為はアボリジナルの芸術に描かれているが、帝国主義が推し進めた戦争のような痕跡はない。この戦争の不在は尊敬に値し、よって世界が知っているもっとも長く続く汎大陸の安定をもたらすために使われた技能について、調査しなければならない。なぜならば、そうした技能がオーストラリアの最大の輸出品になるからだ。

遠く離れたクラン集団の大使たちがもたらした平和の緑の枝と、貿易市場の盛り上がりの裏には、平和を築くだけでなく、それを維持するための知的な筋肉組織のようなものがあったに違いない。

オーストラリアの人類学者イアン・キーン（Ian Keen）は次のように述べている。

> 先祖伝来の法の特質は、広範な地域の人々が、法律を制定しなくても、合法的な法則に合意できており、そして、個人と親族集団の自治権があるにもかかわらず……祖先の法則は大きな裁量の要素を持っていたところにある……ある種の儀式をとりおこなうことで、若者に共通の価値観と規範を遵守させ、権威がある者に対して敬意を表させる性質を生み出すように促したのである。(11)

1838年、ビクトリア州南西部のブンティングデール（Buntingdale）の宣教師、フランシス・タックフィールド（Francis Tuckfield）は、アボリジナルの言語集団とクラン集団間の激しい言い争いに驚いたが、それは人々が敵と接触せざるをえなかったときに起きたことであることを理解した。彼の任務はまさにそれを必要としていた。国内を広く旅し、マレー川のアボリジナルの人々と暮らし、釣りをしていた彼は、地域社会の基盤となっている平和と尊敬に感銘を受けた。彼は、ブンティングデールで目撃した暴力は、この社会の本質ではなく、キリスト教会のミッションによる管理の結果であることに気づいた(12)。

スザンヌ・デイビス（Suzanne Davies）博士は、アボリジナルの人々との対応においては、一定の平等が支持されたかもしれないが、法廷で土地の所有権やそのための証拠を提出する権利を否定されてきたことが、市民権を持つものであれば受けられる恩恵からアボリジナルの人々を排除してきたと結論づけた。現実には、ヨーロッパ人は「自分たち（ヨーロッパ人）が……土地へのアクセスを要求するために、アボリジナルの人々の行動の管理を」行使していた(13)。

アボリジナルの生活が平和と調和の一つの長年の理想ではなかった、ということは疑いない。怒り、恨み、裏切り、復讐、処罰、それらすべては一般的なことであった。しかし、彼らは厳しい規則に支配されていた。暴力はしばしば、法を執行し、文化、社会、宗教を維持してきた実績のある本当のシステムのなかで大事にされた罰則だった。

アボリジナルおよびトレス海峡諸島民の政府の創設に関わる意思決定プロセスを見て、「民主主義」という言葉を考えないのは難しい。長老たちは選挙で選ばれたか？　高齢になったすべての人が最終的な意思決定プロセスに加わったわけではない。その権限は、複雑なイニシエーションの試行の後に受けることができた。

その範囲において、長老は上級の聖職者、裁判官、政治家と同格になった。長老たちの役割は、彼らを特定の政策分野に影響を与えることができる地位にまで高めるイニシエーションのレベルによって成文化された。その地位への彼らの昇級は、漸進的で複雑だったが、通常はイニシエーションを通しておこなわれ、強制や相続によってその地位に就くことはなかった。彼らは仲間から尊敬されていた。

正義を実現し、平和を守り、階級と社会的役割を管理し、土地の富を分割するほかのすべてのプロセスは、先祖伝来の法によって定義され、長老として選ばれた人々によって解釈された。人間が地球上での生活を管理するために考案したすべてのシステムのなかで、アボリジナルの政府は民主主義のモデルにもっとも似ている。

十分に一貫性と柔軟性を維持し、長期間にわたって広範囲に広がった大きな集団にアピールするためのモデルには、私たちの真剣な注意が必要だ。そうしたモデルは、内なる論理と公正さを持つオーストラリアのアボリジナルの大多数の心に訴えてきたに違いない。そうでなければそうしたモデルは存続できなかったであろう。

このような政治のシステムから生まれた社会的一体性は、人々が食糧調達のあらゆる面で協力することを可能にした。多くの人々が集まり、ダム、魚の罠、家屋の建設、農地の準備と維持管理に関わる膨大な労働力を提供することができた。政治的安定がなければ、言語や文化の境界を越えた活動は不可能だったであろう。

アボリジナルの文化がいかに平和と安定を重視していたかを示す例は、ニューサウスウェールズ州の南海岸ティルバ・ティルバ（Tilba Tilba）近くにあるグラガ山（Mount Gulaga）のユイン（Yuin）の文化の主要な説明に反映されている。山の側面の一帯の上に巨大な岩が形成されたギャラリーで、あなたはヒーリングロックで立ち止まり、胎児の幸福、病気、問題を考慮するよう求められ、その後、最初の女性であるニヤルディ（Nyaardi）と最初の男性であるトゥンク（Tunku）に紹介される。ニヤルディの身長は、普通の男性であるトゥンクの2倍ある。2人の間には、創造主ダラマ（Dharama）によって与えられた供え物である木と石とがある。彼らが必要とするすべてのものは、この二つの贈り物から得ることができる。次に妊娠中のニヤルディを見る。彼女のお腹にそっと手を置くようにいわれる。後になって、あなたは彼女が子どもを背負っているのを見、人間の存在の三つの大きな石、すなわち過去、現在、未来を通り過ぎる。現在は大きな石だ。過去と未来は考えなければいけないが、あなたの考えのもっとも重要な目標は今に関係することだ。そこには、人生の大きな箱舟、女性の産道、そしてすべての人間が自分たちの道を学び考える岩がある。

この時点で、ユインの法のチャプターを離れ、あなたは武器を見たこともなく、征服された敵の物語を聞いたこともなく、代わりに、人間生活における女性の中心性とその女性、母親への尊敬が示されなければならないということを理解する。ユインの男性の場合、正式な場では「私たちは皆母から生まれた」という。それが伝承である。

誰でもその山を訪れることができるが、裸足で静かに登り、動植物に危害を加えないように注意するのが一番だ。私たちは世界の健康を守る責任がある。それは私たちのためではない。

世界の教会、美術館、城、博物館を旅しても、このような体験はできない。ヴェネチアやミラノの画廊での切断された首、フランス王に反対する人々の口に注がれる溶けた鉛、悲惨な貧困の絵、戦争のフレスコ画、幼児の殺害は共通のテーマであり、ヨーロッパやアジアの文化は暴力と戦争であふれている。しかし、ここでは、太平洋を見下ろす緑の山で、違う世界が心に思い描かれていた。いや想像しただけでなく、その世界に生きていた（ガランガラン文化センター：Ngaran Ngaran Culture Centre、ナルーマ：Narooma、グラガ山管理委員会：the Gulaga Mountain Management Committee が山のツアーを運営している）。8万年は永遠だ。アボリジナルの人々は、私たちはいつもここにいたというが、オーストラリア人の多くはアボリジナルの人々がアフリカからやってきた、ほかのみんなと同じように、単なる移住者でありボートピープルだと主張する。

近年、言語学者たちは、オーストラリア大陸の人類の歴史をより良く理解するために、オーストラリアの祖語、つまりルーツ語を見つけようと試みていた。もちろん、アボリジナルの人々はどこか別の場所から来なければならなかったという前提がある。言語、文化、宗教の面では、このような長期にわたる安定した発展を見たシステムはないが、それでも理論家たちはオーストラリアの例外的な状況の説明を潜在意識的に探求している。

人間の進化的な向上を考えることは魅力的だが、オーストラリアの偉大な平和の発展について思案することも私たちの考え方に刺激を与えるに違いない。ヨーロッパ人のようにアボリジナルの人々が「進出」しなかったのは孤立と堕落が原因だと考えられていたが、敵に熱い油を浴びせるという考えが当時のオーストラリアに住んでいた誰にも起こらなかったようだというのもまた真実だ。

孤立がオーストラリアの先住民（First Peoples）の文化発展の軌道に多大な影響を与えたことはほぼ確実だが、その孤立は平和を築く時間を与えもしたかもしれない。それとも古い大陸自身が要因となったのだろうか？　オーストラリアの比較的低い出生率と全般的な土地の浸食が、さまざまな人間の反応を引き起こしていたかもしれない。誰にもわからない。

言　語

オーストラリアの言語の発達をより良く理解するために、最近の考古学的発見に照らして文法解析がおこなわれた。パトリック・マッコンヴェル（Patrick McConvell）、ニック・エヴァンス（Nick Evans）、イソベル・マクブライド（Isobel McBryde）などは皆、約5000年前に南に向かって言語が突然押し寄せたという興味深い理論を持っており、南アジアから何らかの影響を受けたのではないかと推測している。

テリー・クローリー（Terry Crowley）のようなほかの言語学者は、比較言語学がオーストラリアの言語発展を理解するための最善の方法だと信じているが、祖語はアボリジナルの人々が到着したと推定される地域では発見されていない。クローリーは、オーストラリアの言語はおそらく4万年から6万年前のものだが、1万年だとしても、ほかのほとんどの世界の言語より古いだろうと認めている。

ほかの言語学者と同様に、クローリーは、言語の突然の南部へのシフトが約4000年前の技術集約期に起こったと理論づけている。しかし、この説を支持する証拠は、「おそらく」そして「多分」という言葉で満ちている。

突然の技術的変化を引き起こしたオーストラリアのある種再侵略のようなものは、遺伝学では支持されていない。北の方の集団がオーストラリアに上陸し、先頭に立って人々を南へ追いやったとすると、北方の集団はオーストラリアのほかの地域よりも多様な遺伝的特徴を示すと予想されるが、それは事実ではないことが証明されている。

最近の道具につけられた名前によって、後に集団が北から侵入してきた証拠を見つけようとする者もいるが、この理論を支持する証拠は、良くいっても不完全なものだ。

ネヴィル・ホワイト（Neville White）とイソベル・マクブライド（Isobel McBryde）は、言語の拡散は洗練された道具の技術によるものではなく、精神的、社会的な変化によるものだという結論に達した。マッコンヴェル（McConvell）とエヴァンス（Evans）はこう述べている。

白人は征服（オーストラリアでは民族学的にありそうもない）あるいは過疎地への大規模な移住を前提とせずに、言語の拡散について説明することを目指している。後者の過疎地への大規模な移住については、占有の証拠が古いため疑わしい。そして、パマ・ニュンガン語（Pama-Nyungan）の話者は（移住して間もないため）、中央砂漠を除きオーストラリアのほかの地域よりも言語の遺伝的な多様性が少ないことを示していないという遺伝学上の証拠とは相いれない(14)（パマ・ニュンガン語はオーストラリアの言語の大半を占めており、非パマ・ニュンガン語：non-Pama-Nyunganは主にキンバリーとアーネムランドに集中している）［言語学的には、前者のパマ・ニュンガン語が移住して間もないので言語的な多様性が低く、後者の非パマ・ニュンガン語は長い間居住しているため、言語的な多様性が高いといわれる］。

リース・ジョーンズ（Rhys Jones）とニコラス・エヴァンス（Nicholas Evans）は、精神文化も重要な決定要因だと考えている。

征服と集約という単純化された素材の見方に言語的な拡散を見ようとする試みは、言語学が抱える問題に衝突した。明らかに大量の木製の工芸品の名前を復元できないからである。そこで我々は、以下の三つと関連して新しい技術が広まったという別のシナリオを提案した。①特定の儀礼、②新しい儀式と新しい道具作製技術を学んだことでパマ・ニュンガン語の話者に受け入れられた新しい参入者、③儀式の威光ならびにパマ・ニュンガン語の話者が息子たちを持つために、妻という報酬を要求することで生じた配偶者の交換パターンの変化による言語の拡大、である。なお、この③によりパマ・ニュンガン語の話者が新しい世帯を持つことに繋がった。新しい儀式やより広範な同盟の社会的革新の根底には、大規模な集会を無理なく長期にわたって開催できるようにした食品技術の進歩があった。[15]

ジョーンズとエヴァンスはここでの要約で次のように締めくくっている。「我々は2人のほとんど救いようのない唯物論者であるが、テクノロジーの精神的、社会的側面の優位性を何度も何度も教えてくれた多くのアボリジナルの人々にこの章を捧げる」[16]。道具の生産のための原料に与えられる精神的な重みについて、そして石や木から派生した武器や道具が、すべて言語に反映されている道徳的、精神的な義務と意義をどのように持っているかについて話すことで、彼らはその考えを解説した。

非常に理論的だが、エヴァンスとジョーンズは、征服や侵略ではなく、文化的知識や発展の共有によってもたらされた社会的・文化的活動の劇的な変化を強調している。ガメージ（Gammage）もまた、「地方の人口は生まれ故郷のカントリー内にとどまるほど十分に安定していた。人口主導の征服はなかった」と主張している。[17]

ジョーンズとエヴァンスが仮定した通りに言語が広まったのかどうかは、さらに研究が必要だが、すべての事項が劇的な暴力や追放を伴うことなく重要な文化的変化が生じたという事実は極端な考えである。そのような移行を管理するために必要な政治的プロセスは容易に理解することはできず、そのような膨大な時間継承されるためには説得力のある社会的な力が秩序だって働いていたに違いない。

ジョセフィン・フラッド（Josephine Flood）は、ピーター・ヒスコック（Peter Hiscock）のような理論家を批判し、彼らの「変化は進歩に等しい」という思い込みは、文化的進歩に対する西洋の政治的に正しい見方に影響されていると論じている。フラッドは、アボリジナルの文化が「驚くほど安定しており、変化は比較的遅かった」と考えている。(18)

マイケル・アーチャー（Michael Archer）もまた、「進歩」について興味深い見解を示している。

ヨーロッパの入植者は、森を伐採したり傷つけたが、それは彼らがこれらの木に価値を認めなかったからで、彼らが価値を認めたオーストラリア以外の品種の単一栽培を、大陸の65パーセント以上に導入したからである……人口過剰なため、実際に遊動民（nomads）であった……南ユーラシア大陸の祖先が……その過程で土地を破壊し、人口過剰を続けるために近隣に戦争を仕掛け土地を奪い、それが続いているのだ。(19)

さらに、土地の一次的な劣化と哺乳類の絶滅が起きたニューサウスウェールズ州西部の環境破壊は、羊の導入が原因だったと彼はいう。

ロールズ（Rolls）はその点について『百万エーカーの荒野（*A Million Wild Acres*）』で詳しく説明している。私がロールズの本に導かれたのは、「ブレワリナ魚捕獲罠」をキーワードにグーグルで検索すると三つの参考文献が出てくるが、そのうちの一つだったからだ。この本が出版されたとき、私は抜粋しか読まなかったが、オーストラリアの風景に対する思いやりのある取り組みに感銘を受けた。

書評家たちは、この本がアボリジナルのオーストラリア人に異常に過敏だと主張した。ピラガ（Pillaga）地域のアボリジナルの所有者の追放についていくつかの言及があり、彼らを追放するために使われた残虐行為へのいくつかの暗示があるが、この本は本質的に白人の定住の分析だ。出版当時、アボリジナルの経済を調査する資料が不足していたため、アボリジナルの人々について単に言及しただけで、この本が大衆の目には過激に映るようになったのかもしれない。

アーチャーはこの考えをさらに推し進めた。彼は領土の拡張主義者の精神をより保守的なアボリジナルの慣習と比較した。アボリジナルの経済の持続可能性が、政府のより持続可能な理論と結びつけることができるということは、驚くべき考えだ。なぜなら、それは農業、人口目標、水の配分、環境保護に関する決定に影響を与える可能性があるからだ。それは、大っぴらな賢い黒人（blackfellow）対破壊的な帝国主義の白人（whitefellow）という対立ではなく、むしろ、保守的な経済活動と種の進化の核心を突こうとしている。

一部では、世界の軌道は征服とそれに続く革新と集約によって動かされているという考えは、我々の帝国主義の歴史に対する心理的依存のために、西洋人の心を満足させているといわれている。しかし、変化は精神によって、そしてそれを通して政治的行動によってもたらされるという考えを考慮すれば、オーストラリアのアボリジナルおよびトレス海峡諸島民の文化の安定性は、より容易に説明できるだろう。

すべての理論は非常に暫定的で検証されていないため、人類が進化する唯一の方法であるかのように、すべてのものが優れた西洋の知性と征服の容赦ない行進に使われた道具によって推進されるという仮定に自分自身を縛りつけることには注意が必要だ。経済がどのようにして特定の集団の支配的な親族関係や宇宙論のシステムに組み込まれたのかに関するイアン・キーンによる研究は、どのようにしてアボリジナル社会が機能してきたのかについての洞察を提供する可能性がある。

言語が時間の経過とともにどのように変化したのか、そしてそのような変化がどこで生じたのかは、新しい暫定的な科学の一部である。ピーター・ヒスコック（Peter Hiscock）は、最近の研究のなかにはアボリジナルの歴史を矮小化し、その文化的・社会的発展における「劇的で注目すべき」点を見逃しているものがあると警告している。

議論の全体は憶測であり、アボリジナルの人々がオーストラリアに最初に到着した時期についての見解に左右される。文化と技術の進歩を促す征服者の進歩主義的イデオロギーを持つ人々は、人類の起源に付随する認識の変化が待ち受けているだろう。

マッコンヴェル（McConvell）は、アボリジナルの神話が基礎をなす塊として生じたのではなく、それぞれを創造する祖先によって段階的に生じたものだと主張している。ロック・アートの専門家ジョージ・チャループカ（George Chaloupka）は、アーネムランド西部を指し、そこでは、ある祖先の人物が人間、植物、動物をその土地に居住させ、どの言語を話すかを指定し、その後の祖先の人物が人間社会をどのように構成するかを人々に指示したとしている。

このことから、言語は征服や言語変化に特徴的な技術の急増なしに、世界のほかの地域に広まる可能性があると想定される。ベルウッド（Bellwood）が［2013年の著作*First Migrants: Ancient Migration in Global Perspective*で］提案した議論は、言語の広がりは、それがゆっくりと発生した場合にのみ、首尾一貫して普及したものとして見られるというものだった。征服者による侵略の場合のように、それが急速に起こったならば、家族集団のなかに言語の違いが残るだろう。

変化の扇動者であるという侵略を前提とする征服者の主張は、マレー渓谷（Murray Valley）地域が少なくとも1万3000年間、文化的、技術的に多様化していたという事実、そして、1万年の孤立の後も、タスマニアのアボリジナルの人々は、遺伝的にも文化的にも本土の人々と似ていたという事実によって支持されない。

マッコンヴェルは、親族関係の用語を研究するなかで、大陸にあるほとんどのカントリー［故郷］にわたるある一貫性を発見し、これらの用語の大部分は祖語から継承されたと信じている。言語研究は、社会的安定性が食糧調達に対するユニークな人間の反応を引き起こしたことを示している。

科学は緻密で矛盾しているが、オーストラリアには特異性があり、その特異性を祝福し探求するのは今だという事実を変えることはない。

貿易と経済

貿易の中心的な信条の一つは資源の共有だった。ブンヤ・マツの実の豊作により、十分な食糧があったので、多くの人々が集い貿易や文化を通した交流を楽しむために、長期間そこに集ったすべての参加者をもてなすことができた。南部では、蛾の採集によって別の貿易と文化の目的のための機会があった。

どちらの場合も、資源がある地域の管理者は、それを自分たちのために保持し、造作なくより多くの食糧を備蓄し、より多くの貿易による信用を得ることができただろう。しかし、彼らは資源を共有することを選択し、積極的に文化的・社会的交流のためにほかのクラン集団を自らのカントリー〔故郷〕に引き入れた。資源は単なる商品以上のものであった。それは文明的な接着剤だった。

アボリジナル・オーストラリアの文化とオーストラリアの主流文化の最大の違いの一つは、土地の概念である。奴隷制度を廃止したのと同じリベラルな哲学は、個人の権利を促進し、それは土地の個人所有を意味した。トニー・バルタ（Tony Barta）は次のようにコメントしている。

英国で奴隷制度を破るために最初の近代的な政治運動を起こした男性と女性の小さな結社は、南アフリカの平原とオーストラリア・フェリックスの牧草地にて困難に遭遇した。彼らは土地の収奪とアボリジナルが失った命との間の関係を非常によく理解していたが、より介入しようとする彼らの力は、距離と利害のさまざまな広がりによって制約された……財産と機会の大衆の訴えは、ただその速度を上げはじめたにすぎなかった。オーストラリアでは……先住民にとってそれが何を意味するかは明白だった。

それは、ヨーロッパ人のプロジェクトが土地を所有し、自然に対する支配権を主張し、新たに「発見された」国を略奪し、身近な文明を創造しようとしたことを意味する[20]。

オーストラリアのアボリジナルの法は、土地は共有されているもので、人間は単なる一時的な管理者であると主張した。個人は、特定の木、川、湖、そして広大な土地に責任を有しているが、それは法律に従って、これらを次の世代に引き渡すためだ。個人や家族が所有しているとされる魚の罠や農作物は、周囲のクラン集団と連携して営まれていた。

共同所有または土地に帰属することと、オーストラリアの条件に適応した作物や動物を共同で利用することの組み合わせは、柵で囲うことはまれで非永続的であることを意味する。人と動物の両方のニーズに応じて、たとえば魚捕獲柵を開閉することができるのと同じ方法で、必要なときに無茶をして多くの獲物を得ることはできただろう。しかし、重要なことだが、これらは景観へのアクセスを妨げなかったのだ。

稼働中のシステムは、混合した相互依存と考えることができるだろう。人々はジグソー・パズルの特定のピースの権利と責任を持っていたが、そのピースを操作するように強いられてもいたので、ジグソー・パズルのピースを周囲や、壮大な統一性を保つ土地から減らすのではなく、むしろ追加した。

一つのグループが任された1本の木、川、または土地は、決して訪問できないであろう遠くのカントリーへと流れていった。彼らは全体像がどのように見えるかを想像しなければならず、何千年にもわたり増大する建設物のような自分たちの法則の一貫性に揺るぎない自信を持っており、このジグソー・パズルが道理にかない、その持続を保証することが彼らの責任だということを知っていた。

巨大なブレワリナの魚捕獲罠の家族に割り当てられた区画で釣りをしている人々は、魚をとることができることを知っていたが、同郷の男性や女性が快適さを享受したり利用したりするのを妨げないような方法でする必要があった。

宗教的、社会的、政治的な規則が作られ、魂のなかで想像されなければならない曼荼羅のなかに組み込まれた。

ビル・スタナー（Bill Stanner）は、「我々の知識が蓄積された歴史は、他人を判断する絶対的な基準ではない。最悪の帝国主義とは先入観により生み出されたものである」[21]と述べている。

西洋思想とキリスト教が人類の発展の絶対的な頂点であると仮定した上で人間の生活のあらゆる

要素を分析すれば、不信者たちは不適当であることがわかるだろう。それは、あなたがほかの精神的な表象の深さと繊細さに近づいていることを意味する。

スタナーは、アボリジナルの信念の本質は不変性にあると主張した。

その同意の哲学は、つまり手袋は、ほぼ完全に実際の習慣という手にぴったりと合い、社会生活の形、芸術、儀式、その他多くのものは、素晴らしい対称性を帯びる……アボリジナルの生活は飢餓の危険に取りつかれている、常に災害と隣り合わせにあるという考えは、未開地での生活が「貧しく、汚く、野蛮で、短い」とするホッブズの考えと同じくらい大変な風刺である。このような考えを修正する一番の方法は、アボリジナルのキャンプで何日か過ごし、物質的にあまり欲のない人たちの生活、まるで別世界に投げ込まれた感じ、皆が焚火に集い歌い踊って一日を終えるという日々の生活の簡素な構成だけからわかる、ほかにない喜びを直接経験することである……この原理とこの集団の価値観は、継続、不変性、バランス、調和、規則性……という一つのテーマが変化したものである。

もっとも印象的なことの一つは、権力をめぐる大きな争いがないこと、場所や地位をめぐる大きな争いがないことだ。この事実だけでもほかの多くを語っている。なぜなら、安定を破壊するものを排除しているからだ……領土を奪取する侵略戦争はない。彼らはお互いを奴隷にしない。主従関係はない。階級区分はない。財産や所得の不平等はない。その結果、広範囲にわたって安定するホメオスタシス〔生体恒常性〕が起こる。[22]

チャールズ・スタート（Charles Sturt）は「我々が原住民（natives）の手のなかに武器をほとんど、またはかつて見たことがないというのは驚くべき事実だ」と述べた。[23]もっとも一般的な武器はカヌー用のパドルを兼ねており、重すぎて一般的に攻撃には不向きだった。

スタートは自身の日記に次のように書いている。

　こうした人々の性格や精神は、英国の教養のある人たちに誤解され過小評価されているし、人類の等級で、彼らは下の方の分類に入れられてきたが、それは最初の航海者とアボリジナルの人々との間でほとんど交流がなかったためだと確信している……私はさまざまな状況で彼らを見てきた——大使の保護下で色々なトライブ集団のそばを通った——野放しの自由な状態のなかで突然彼らに遭遇した——小屋にいる彼らを訪ねた——彼らのキャンプで彼らと交流した。ヨーロッパ人と交流する彼らを見てきた。率直にいって、私がこれまで見たなかでもっとも悪く感じたのは、彼らがヨーロッパ人と交流するときであったと告白せざるをえない。[24]

スタートは、アボリジナルの土地が占領されるのに従い、ヨーロッパ人との紛争が避けられなくなったことを嘆き、ヨーロッパ人の到着は宗教的使命というよりも侵略だったと確信していた。「文明化された人による未開地への侵攻は、ほぼ例外なくその土地の住民に不幸が伴うことを私は残念に思う」(25)。

彼はヨーロッパ人と一緒にいたときにアボリジナルの人々に訪れた貧困と堕落を認めたが、彼が最初に考えたのは、ヨーロッパ人に奪われた地域を制限することではなく、アボリジナルの子どもたちを家族から引き離すことだったのだ。「唯一の救済は……子どもを親から完全に引き離すこと……博愛主義に最大限耐えることから何もいい結果は生まれない。子どもたちが……彼らの先祖をまったく知らない状態にし、親たちをヨーロッパ人と同じように驚きと同情をもって見るまで」(26)。ミッチェル（Mitchell）も同じような考えを持っていて、アボリジナルの子どもを引き取ったが、英国に戻ったとき子どもが言語的な障害を持っていたために手放した。

あまりに多くのヨーロッパ人が、キリスト教の使命を消えゆく人種が使う枕を滑らかにすることだと考えていた。アボリジナルの人々は、それを生き続ける人種の枕を盗むための煙幕にすぎないと考えている。

ミッチェルはオーストラリアのアボリジナルの終焉を悲しみながら以下のように語った。

これらの不幸な生き物は、もはや自分たちだけの自由を楽しむことができない。というのは、白人の支配が彼らを取り囲んでいたからである……白人集団の力に取り囲まれ、彼らがかつて自由に原野をさまよって享受していた自由を奪われて、彼らに一時的な住居を提供する密集した茂みや岩だらけの要塞のなかで、不安定な避難所を探さざるをえなくなった。(27)

しかし、この同情にもかかわらず、ミッチェルはたった2段落後に次のように書いている。「我々は再び（ハンター渓谷で）栽培に適した土地を見つけたが、そのあたり一帯は農園になっていた。しかし、山のこちら側にある無数の谷によってできた牧草地は……農園の所有者にとってより利益が得られるだろう」(28)。アボリジナルの人口が減少したことに悲しみを表したときもあったが、同じページで彼は彼らが無理やり奪った土地の価値を絶賛していた。

ミッチェルはこれまでの探検で、食糧生産の技術があまりに目立たなかったため彼の注意をひかず、理解も得られなかったとはいえ、アボリジナルの人々の土地の利用を見てきてはいた。しかし、彼はまるでアボリジナルの人々の食糧生産が存在しなかったかのように、オーストラリアの農園の将来について控えめに意見を述べた。彼は谷を見下ろし入植者の小屋や家を見たが、そこでは煙突から煙がもくもくと立ち、四角い琥珀色の光が窓に輝き、家庭での団らんを大いに楽しんでいた。ほんの1年前、彼はアボリジナルの村の温かさ、歓声、家庭的な雰囲気を羨んでいたが、今ではこの土地を自らの人種［自分の民族］に開放したことを誇りにしていた。

ミッチェル、彼はいい人だ。しかし彼は植民地でのすべての英国人の野望を共有していた。それは土地である。「我々は……草が非常によく茂っていた豊かな草原を横断した……我々は魅力的な国だったことに歓喜し旅を延長し、役に立つ発見となった場所が前に広がっていると期待した」[29]。その後、ミッチェルはビクトリア州のオーストラリア・フェリックスの平原を眺めて大喜びした。

とても魅力的で、まだ住民がいない土地！ 私が立ったとき、この緑豊かな平原の最高の孤独の上にいる最初のヨーロッパ人の侵入者として、羊や牛にもまだ触れられていなかったこの土地、私が力強い変化の先駆者であることを意識した。そして、すぐに我々の後を、このために長い間準備してきた人や家畜がついてくるだろう[30]。

土地がヨーロッパ人とその動物たちを待っていたと考えるミッチェルの自信は、ヨーロッパ人の知的傲慢の中心にある。ヨーロッパ人はアボリジナルの精神性と経済の共生的な性質を理解することができなかった。食糧を調達する際のカントリー〔故郷〕に関する規則に焦点を当てた数百のアボリジナルの伝説のなかで、おそらくいくつかはその関係を示しているかもしれない。

先に引用したニューサウスウェールズ州南岸周辺のシャチとユインの人々の話には、単なる食糧供給から離れて、多くの興味深い魅力的な話がある。19世紀のトゥーフォールド湾（Twofold Bay）での捕鯨はこの関係を巧みに操り、アボリジナルの男女はヨーロッパの捕鯨船と協力して操業した。

ベリル・クルーズ（Beryl Cruse）、リディ・スチュワート（Liddy Stewart）、スー・ノーマン（Sue Norman）は、彼らの本『アワビ（*Mutton Fish*）』のなかでユインと海との関係を概観できる素晴らしい表現をしている。彼らは民族学者R・H・マシューズ（R. H. Mathews）によって記録された伝統的な捕鯨の物語を伝えている。

原住民（natives）がシャチに追いかけられている鯨を見ると、老人の一人は足が不自由で弱いふりをして、海岸から少し離れた所でいくつか火を焚く。そして、足の不自由な無力なふりをしてシャチの慈悲をかきたてるために火と火の間を歩き、男性はシャチに鯨を岸に連れてくるよう呼びかける。傷ついた鯨が岸に流れ込むと、ほかの男たちは隠れていた所から出てきて、鯨を殺し近隣のトライブ集団に祝宴に加わるよう呼びかける。(31)

この［シャチと人間の］関係はヨーロッパ人が到着するずっと前から続いていたもので、利益への需要にあわせて修正され、その後何年も、不満を抱いたあるヨーロッパの捕鯨者がシャチのリーダーを射殺するまで続いた。鯨類が人間と協力したのはそれが最後となった。昔からの互恵の相互関係は破壊されたのだ。

人間とシャチの関係でもっとも興味をそそられるのは、経済的な必要性と、動物界との基本的な精神的な繋がりを組み合わせているということだ。アボリジナルおよびトレス海峡諸島のオーストラリア人のトーテム［信仰］システムは、すべてのものの相互結合性と精神的平等を主張している。ユインは、死んだ後はシャチとして戻ってくると信じている。この広く普及する信仰を示すものとして、鯨を表した巨大な陸地の彫刻があり、それは1000キロメートル内陸まで見られる。初期の入植者の多くは、人と鯨類の親密な協力に注目した。フォスター・フィアンズ（Foster Fyans）は、アボリジナルの人々が、ジーロングでイルカと協力して魚を海岸に追い込み、アボリジナルが捕獲しやすいようにしていたのを見た。そして、同様の関係はモートン湾（Moreton Bay）、モンキー・マイア（Monkey Mia）、その他多くのオーストラリアの海岸でも報告されている。ジョン・ブレイ（John Blay）は、ニューサウスウェールズ州の南岸にある古いアボリジナルの小道を調査し、それらの道を、山でのボゴン蛾の収穫の儀式や、海岸での鯨の祭りと結びつけた。彼は読者に質問している。

ボゴン蛾で集まるこのような集会は世界のどこにあっただろうか？　シャチとの関係やトゥーフォールド湾の鯨狩りのようなものがほかにあるだろうか？　これらは、我々オーストラリア人が何であり、誰であるかの基礎として、オーストラリア文化の偉大な物語のなかにランクされるに値するものとなるだろう。これらの物語は豊かさを共有することの例証である。(32)

アボリジナルの生活では、精神と肉体の世界は結びついている。しかしヨーロッパ社会では、経済は精神とは独立して機能しており、現代の例が示すように、宗教的道徳律にほとんど反するものだ。２００８年の金融危機と２０１０年のメキシコ湾の原油流出は、ほとんどの参加者のキリスト教の道徳観がビジネスの取引から排除されていたために起きた。石油流出の事例では、キリスト教徒が地球を支配していると信じていることが浮き彫りになった。

金融界におけるこのような思慮に欠けたビジネス規律を生き抜く地球の能力、またはグローバル石油会社による掘削作業のための安全の提供は今厳しく試されている。老人とシャチの話は今日も私たちにとってためになる教訓だ。

上記の話は一見すると厳密な道徳観にもとづいた話であり、分かち合いと真摯さを強調しているので、この形によって、おそらく十分な知識を持っていない人からの批判的な情報を避けられる。ほかには、夜空について語られ、そこでは神話的な存在が永遠の役割を演じていた話や、天気予報の方法に関する話もあるが、一般的にはそうした物語は、土地の法則に関する話であった。

7

オーストラリア農業革命

アボリジナルと非アボリジナルの人々のもっとも根本的な違いの一つは、人と土地の関係の理解である。大地は母だ。アボリジナルの人々は大地から生まれ、クラン集団のなかの個人は特定の小川、草原、木、作物、動物に、さらには季節にさえ責任を持っていた。そのクラン集団の生涯は存続させることに捧げられた。

資源利用、言語の発展、社会組織の集約化は、植民地期以前には大きな変化の曲線にあった。というのは、アボリジナルおよびトレス海峡諸島の人々は、違う流れのなかで、その流れの独特な経路のなかにあったにもかかわらず、人類のほかの人々と同じ認知の軌道に乗っていたからだ。

おそらくもっとも大きな違いは、土地所有と資源利用に対する姿勢だろう。個人が所有する小さな土地を運営する代わりに、クラン集団が広い土地を焼き、耕して作物生産に向けて準備するために協力していた。この方法には、根本的な保守主義、まだ見ぬ人々への配慮、そして精神的・文化的な性質に埋め込まれた数種類の獲物への敬意があった。

アボリジナルの人々が植民地期以前にどのように国家経済を管理していたかについての私たちの見解を改革することができれば、現在の資源の使い方や土地の管理方法を改革することに繋がるかもしれない。この国で食肉の生産用となっている固有動物の搾取に焦点を当てることを想像してみてほしい。過リン酸塩、除草剤、および［動物用］水薬の乱用から自分を解放することを想像してみてほしい。柵の必要性から自分たちを解放し、その代わりに、在来種の動物を放牧してみたり、在来種の作物を栽培してみたりすることを想像してほしい。

過リン酸塩は1930年代にナウルでリン鉱石が大量に発見されたときに導入され、その後それは恵みの肥料として農民に販売された。一部の農業科学者は現在、広大な地域の塩類化と水源の汚染に対する過リン酸塩の役割を問題視している。フッ素が過リン酸肥料から浸出することは認められている。スーパー〔肥料〕はまた、植物の成長を積極的に助ける生物や微生物の多くを殺してしまっている。土地への影響を分析するには、この肥料の使用を見直す必要がある。再分析を要求している多くの人たちのなかには農夫たちもいる。

農家は適応力のある起業家であり、一般の需要が赤ワイン用ブドウから白ワイン用ブドウへ、あるいはビートの根からオリーブへと変化すると、農家はそれに対応する。農家は変わるが、消費者は変わるだろうか？

我が国の農業省と研究機関は、アボリジナルの食品のいくつかに注目しはじめたが、レモン・マートル、ブッシュ・トマト、ブッシュ・レーズンなどのもっとも人気のある流行りの食品に集中する傾向がある。繊細さに欠け原始的なことを強調しようとする意図的な試みが教育者にあるかのように、子どもたちはオオボクトウ蛾の幼虫が主な食糧源だと教えられる。

代わりに、国民を再教育し、アボリジナルのオーストラリアの二大作物であるヤム・イモ（やほかの根菜類）と穀物を利用することを想像してみてほしい。これらの植物はすべてアボリジナルの人々によって改良されたものであり、今日の農業にとってもっとも心躍る展望を提供する植物である。

多くの植物はほとんど注目されていない。カンガルー・グラス（*Themeda triandra*）は過放牧に耐えられず、1エーカー〔41アール〕当たりの種子収穫量は小麦やイネにはおよばないが、穀物や羊が断念された耕作限界の乾燥地の農場にとっては理想的な植物だろう。これらの穀物からとれた粉の品質はほとんど知られていないようだ。しかし、これがスタート（Sturt）がそれまで食べたなかでもっとも美味しいと告白したケーキを作るために収穫された草の一つであるなら、もっと注視する必要があるかもしれない。

大麦（*Microleaena stipoides*）は、商業栽培に適した植物だと一部の科学者は考えているが、農業従事者はこの植物に適した播種、収穫、貯蔵、および販売技術を試す際に支援を必要とする。(1) デイビス（Davies）、ウォー（Waugh）、レフロイ（Lefroy）は、この植物の可能性を研究し、その収穫量が一年生の穀物ほど大きくないが、穀物としてと放牧用の作物としての両方の有用性が経済的に存続可能であると考えた。すでに述べたように、多年生植物の根に炭素が保持されていることが、多年生植物への移行を促す決定的な要因となる。

マーノング（*Microseris lanceolata*）〔ヤム・ヒナギク〕は、もう一つの当然扱われるべき商業用作物で、食糧意識の高い私たちの社会にとって魅力的なものになる可能性が高い。アボリジナルのワーキング・グループがビクトリア州マラクータのアボリジナル生息地を分析した1年後、アボリジナルと非アボリジナルのメンバー数人が種からマーノングを育てるプログラムに着手した。試験はまだ進行中で、2012年の春に最初の種子を収穫し、2013年の秋に大部分を植え直した。この植物の知識を増やすために、種々の土壌と生育条件を試験した。まもなく種を販売し、さまざまな園芸家や土壌タイプに植物の知識を広めることができるようになる。

すでに私たちは、自分たちの種から育てられた植物は、1年目よりも丈夫で生産量が多いことがわかったが、これは植物が栽培過程に適応し、反応したことを示している。植物は周囲の土壌が耕されるとすくすくと生育し、古い植物は大きな基部の葉を発達させるが、これが地面に平らに横たわり、雑草を防ぐのに役立つ。私たちはコケとブルビネ・リリー［ブルビネ・ブルボーサ］を畑に取り入れ、カンガルー・グラスに注目している。これはヤム・イモの収穫の間、頻繁に成長するので初期の観察者は気づいている。異なる食用植物の相互作用は偶然ではなかった。もっともこれらの栽培の関係性の理由付けや利点を試して理解する必要はある。

私たちの目的は、地元のアボリジナルの若者たちの一人、あるいはグループが、この調査の結果を有益な産業に変えるようにすることだ。

栽培者の一人であるアネット・ペイズリー（Annette Peisley）は、ブリックス指数（Brix index）［糖度］を用いて種々の果実と塊茎のエネルギー指数を測定した。「ジャガイモのブリックス値は約5〜6度であるため、フルクタン（fructan：炭水化物レベルとブリックス法の限界を受け入れること）の観点からすると、100グラムのヤム・デイジー（*Microseris lanceolata*）の塊茎のサンプルは、100グラムのジャガイモの3〜4倍のエネルギー・レベルを供給することになる」(2)。

アボリジナルの人々は、同じエネルギー指数を達成するためにより少ない量の塊茎しか必要とせ

左：マーノング（ヤム・ヒナギク、Murnong）。右：収穫した塊茎。
（リン・ハーウッド）

ず、より効率的な貯蔵および輸送を可能にしていただろう。

ヤム・デイジーの特性のさらなる調査は、商業作物としてのその可能性についてのより多くの知識をもたらす可能性がある。

ヤム・デイジーが商品化されれば、アボリジナルの人々が科学界に参加するよう招待を受け、新しい繁栄を分かち合うことが期待される。アボリジナル集団はすでに東ギプスランドでの実地試験をおこなうために土地を獲得しようと試みており、積極的な政府介入は迅速でかつ実際的な支援となりうる。

グランジ・ムンジー社（Gurandgi Munjie：ニューサウスウェールズ州の南海岸にあるユインの会社）は多くの穀物の収穫を計画

左：マンゴ湖（Lake Mango）で焼いたキビのパン、2016年。（ジャネット・ホープ）　右：カンガルー・グラス。（リン・ハーウッド）

しており、粉生産の初期の試みは目覚ましい成果を挙げている。今までに作られたパンの味と香りは、スタートとミッチェルの軽くて甘い「ケーキ」に私たちが近づいていることを暗示している。

マティ・マティ（Mutti Mutti）、ラティ・ラティ（Latji Latji）、バーカンジ（Barkinji）の女性と子どもたちが、２０１５年に日本のアーティスト、小林豊（Yutaka Kobayashi）と力を合わせ、在来のキビから穀物を収穫し抽出した。その後、マンゴ湖の砂の上のオーブンでパンを焼くと上手くできあがり、私たちの歴史において重要な瞬間となった。アボリジナルのオーストラリア人が伝統的な方法で栽培された植物で生計を立てる可能性は、この国にとって心躍る展望である。

漁業についても同様だ。最初のヨーロッパ人入植者は、アワビをマトン・フィッシュとして敬遠した。これまで見てきたように、アジアの需要でそれが貴重な商品となるとすぐに、アボリジナルの人々はその収穫から締め出された。それにもかかわらず、東ギプスランドのアボリジナルのコミュニティは政府に魚種資源を保存する新しい計画にアワビを含めるよう奨励しようとしている。というのは、何千年もの間、知的な収穫とクォータによる制限値を設けることでこれらの資源を保存してきたのは、アボリジナルだったからだ。ヨーロッパ人が到着したとき、海洋生物は豊富であった。しかし、200年後には、すべての商業的に捕獲された種は絶滅の危機に曝され、なかには事実上絶滅した種もある。ライセンスの配分にアボリジナルの人々を含めることは経済にとって得策だと思われる。

その国の全歴史を受け入れることは、持続可能な収穫に関するまったく新たなレベルの知識を発見できるという利点がある。変化が必要とされるかもしれないが、それは荒野を優先したり、生産性のある土地を撤退させたりすることには繋がらない。もっとも古い土地利用慣行から新しいアイデアと新しい方法が生まれるだろう。

この国は将来、肉を食べる量が減るかもしれないが、私たちはいつもある程度は食べるだろう。カンガルーやワラビーを収穫することは、マクロポッド（macropod）［カンガルー科］の数を危険に曝すことにはならず、むしろその保護を保証することになる。タンパク質を動物の肉の形で供給しようとするなら、土壌や気候にもっともよく適応した動物を使うのが理にかなっているという事実を受け入れる必要がある。これらの動物は土壌にほとんど害を与えず、減少する水の供給に対する要求を最小限に抑える。

動物の権利と福祉団体は農場の生産方法や家畜の取り扱いを正しく監視しているが、在来動物を消費することに対する国民の嫌悪感が土壌や水の供給を脅かしている。これらの動物を利用することは、彼らを再び「野生で見る」ことができなくなることを意味するのではない。むしろ、見ることを保証している。逆に現在の手法を続けると、オーストラリアのアボリジナルの人々によって以前管理し形成された環境に適応した動物が大量絶滅するのを目にすることになるだろう。

8

歴史を受け入れ未来を創る

ギャビン・メンジーズ（Gavin Menzies）は彼の著書『１４２１――中国が世界を発見した年（*1421: the year China discovered the world*）』のなかで、中国が１４２３年以降も世界の地図を描き続けることができるかどうかを考えた。彼は、中国人はすでにオーストラリアに到着し、アボリジナルおよびトレス海峡諸島の人々との貿易をはじめていたと主張した。

しかし、このような社会的、商業的取引がはじまったとき、雷と火災によって紫禁城は破壊され、政治的圧力を受けていた永楽帝はこれを神々が自分に敵対している兆候と見た。彼の健康と運勢は衰え、彼の政敵は、世界を中国の貿易制度に組み入れるという外交政策を廃棄した。中国海軍の探検は突然中止になった。

永楽帝政権下では、彼らは訪れた国から使者を受け入れ、中国の王族のように扱い、そののち彼らを故郷に帰し、貿易関係を強固にするためにたくさんの贈り物を与えた。ナマコ貿易を築く際に、北オーストラリアのアボリジナルの人がこの仕組みの下で中国を訪れたという説がある。

その代わりとして起こったことについてのメンジーズの見解は、ヨーロッパと中国の外交政策についての見通しの立たない比較である。「『人々を親切に扱う』と指示された文化的な中国人の代わりに来たのは、植民地への入植者だった残忍でほとんど野蛮なキリスト教徒だった」。フランシスコ・ピサロは５０００人のインディアンを冷酷に虐殺してインカ族からペルーを奪った。今日であれば彼は戦争犯罪人と見なされるだろう(1)。

実際、ポルトガル人は東洋への道を示すために中国の地図作成法を使っていた。そして彼らは、インド人と中国人が何世紀もかけて築き上げてきた香辛料貿易を盗んだのだ。彼らを阻止しようとする者は誰でも打ちのめされた。15世紀にポルトガルの探検家ヴァスコ・ダ・ガマがカリカットに到着したとき、彼は部下たちにインド人捕虜を行進させ、彼らの手、耳、鼻を切り落とすようにいった。

侵略者は、彼らが略奪しようとしている土地の本来の所有者を殺すことを好む。しかしそれ以上に侮辱することが好きだ。そういった激しい任務が終わってしまうと、彼らの孫たちはその略奪した土地に新たに名前を付けて歴史を書き換え、祖父たちを慈悲深い夢想家として描くのだ。

メンジーズは、どのようにして国家が歴史の事実から目を背けることができたのかを説明する際、米国とヨーロッパの歴史家が、コロンブスがアメリカ大陸を発見し、クックがオーストラリアを発見したと、世界を説得しようとしたと述べた。(2) このような作り話は珍しいものではない。植民地主義の歴史には多くの例がある。これまで、エレファント山には巨大な岩があるといわれてきた。この地域には配置された石群がいくつかあるが、ビクトリア州のほかの場所にあるほかの儀式用の建造物と似ている。入植者たちはその建造物について誇張した記事を書き、ヨーロッパ人だけが建造できていただろうと報道陣に知らせた。彼らは、荒廃した原住民（natives）の原始的な住居に関連して巨大なストーン・ヘンジ［英国］に似た台座を示しているとされる彫刻をもとに、彼らの主張を支持した。アボリジナルの小屋は単純な天蓋のように描かれており、一端は槍に付けられた紐で支えられている。ほら、議論がはじまった。この人たちはこんな巨岩は作れなかっただろう。だか

エレファント山（Mount Elephant）の台座の偽のイラスト。
（パブリック・ドメイン）

ら、彼らは、もっと後れた時代の、レベルの低い人種なんだ。

マクニーブン（McNiven）とラッセル（Russell）によると、このような欺瞞は「ヨーロッパの入植者がオーストラリア大陸を継承する権利を正当化するのに役立った。ヨーロッパによる植民地化は文字通り彼らの遺産の失われた領域の（再）所有のプロセスになった[3]」という。

占領を正当化しようとする衝動は、マクニーブンとハル（Hull）によって、ユダヤ人の根絶を正当化するためのナチスによる歴史と考古学の歪曲と比較されている。野蛮を正当化する方法を探求するときにヨーロッパ人は、神話と否定の時代を生み出そうとする思考を働かせる。ほかの大陸出身の入植者もいたが、時にはお互いを支配することで世界を支配しようとしたのはヨーロッパ人だった。

ウクライナ、ポーランドの一部、チェコ・スロバ

ビッグ・ジョニー・カボンヌ、マクミラン、ジェミー・ゲバー。
（ビクトリア州立図書館）

キア、ルーマニアを含む比較的小さな地域での、12年以上におよぶソ連とナチスの手による1400万人の殺害を説明しようとして、ティモシー・スナイダー（Timothy Snyder）は、彼の著書『血に染まった国（*Bloodlands*）』のなかで、植民地主義者の動機について論じている。「植民地化において、イデオロギーは経済学と相互作用する。行政では日和見主義や恐怖と相互作用する」[4]。彼は、ほかの誰かのアイデアが、その他の点では懐疑的な人々に、そのアイデアの細部をどのように実行させることができるかを説明していた。

初期の探検家で牧畜業を営むアンガス・マクミラン（Angus McMillan）が2人のアボリジナルの男性と一緒に座っている写真がある[5]。この写真を見るといつも困惑してしまう。自分がギプスランドに入った最初の白人であることをほのめかすように日記を書き直したマクミランは、右側の男の手を握っているが、この男は疑う余地のない恐怖の眼差しでカメラを見つめている。もう一方の側の男は悲しみにくれた目で見つめている。マクミランの姿勢は、彼がほかの2人よりも前面に座っていることに気づくまでは少し奇妙に思えるし、マクミランの太ももは、彼が3人のうち背の高い方に見えるようにクッションに座っていることを示している。マクミランの目は、この演出された作品が十分に説得力あるように映っているかどうかを判断するために写真家を尋問しているようだ。

マクミランと写真に写っているのはビッグ・ジョニー・カボンヌ（Big Johnnie Cabonne）とジェミー・ゲバー（Jemmy Gebber）だ。マクミランは探検家としての評判を高めるために旅の記録を改ざんしただけでなく、彼と彼の部下が数百人を殺害したにもかかわらず、彼が黒人（blacks）の友人であることを示すために写真を使った。

カボンヌとゲバーの両者は、マクミランの道案内に強制的に参加させられギプスランドを案内した。あるとき、マクミランは、ゲバーが彼を殺そうとして斧を持ち上げたと主張しているが、おそらくこれはマクミランが彼にギプスランドまで案内してほしいためにゲバーの頭にピストルを当てる必要があったための言い訳だろう。

ゲバーの現在の家族には長い記憶があり、マクミランは後にゲバーを殺したと話している。ギプスランドの創始者たちがギプスランドに案内してくれたガイドを彼らの黄金郷に到着したのと同時に殺したように。ゲバーが、リード（Reed）とセラーズ（Sellers）の家族を自由に案内し、デリゲート（Delegate）の周辺に上陸させたことは興味深い。おそらく、ゲバーは、自分の国から白人を追放することに絶望して、もっと温和な気質の人たちを自分の国に集めようとしていたのだろう。最高の白人男性を受け入れることが、オーストラリアの植民地化の最終段階だったのだ。

入植者のなかには、アボリジナルの人々に配慮し、彼らの援助と知識に感謝する者もいた。ヘンリー・セラーズ（Henry Sellers）は生涯を通じてアボリジナルの親しい友人であり、リード家は1930年代までアボリジナルの男女を雇い続けた。

しかし、すべての人が土地の元の所有者の人間性を確信していたわけではなかった。一人の子どもを除いて全員が殺された東ギプスランドで大虐殺が起こってから数か月も経たないうちに、入植者たちは陽気に話しはじめ、黒人（blacks）の失踪について明らかに困惑した様子で話しはじめた。この大虐殺はこの地域の最初の不法占拠者であるスコッター［居住者のいない開拓地で不法に居住する人］が認めているが、その後の歴史ではこの記憶を消し続けている。

アボリジナルの人々の存在に激しく異論を唱えた探検家アーネスト・ファヴェンク（Ernest Favenc）は、彼らがヨーロッパ到着前に土地の「本当の」占有者ではなく、その前に優れた古代の文明が先行して存在していたという小説を書いた。『オーストラリア砂漠の秘密（*The Secret of the Australian Desert*）』では、この失われた人種は火山の噴火によって絶滅し、オーストラリア大陸の所有権はヨーロッパ人に残され、アボリジナルの所有権は取り消され、疑わしい構造はすべて説明され、大陸は無血でヨーロッパ人の所有になったとしている。これが彼の夢だった。

歴史学者のメリッサ・ベランタ（Melissa Bellanta）は、この文学の現象を、G・F・スコット（G. F. Scott）の1898年の小説『最後のレムリア人（*The last Lemurian*）』にちなみ、レムリア理論と呼んでいる。オーストラリア人は、その土地の占領の基礎となる、より価値のある歴史を求めていた。ベランタは、「内陸におけるかつての偉大な文明の姿は、これらの作品で描かれたオーストラリアに、拡散していた遊動民（nomads）の地位よりも、より価値のある『神秘的な歴史』を与えた」と説明している。(6)

私たちの歴史の好ましくない部分（たとえば、土地の不法占拠や占有者の虐殺）を削除することで、私たちが存在していたことすら知らなかった要素を失った。そういった、作物、家屋、灌漑システム、漁業などの要素は、将来の繁栄の鍵を握る可能性がある。

しかしながら、まずもって土壌がどのようにして入手されたかを理解する必要がある。ティム・フラネリー（Tim Flannery）は『地球のここで（*Here on Earth*）』のなかでダーウィン支持者とワラキア支持者［ルーマニアが設立する以前の国ワラキアの支持者］の観点と、進化論の疑問を考察した人たちをこの40年間で比較している。たとえばピーター・ウォード（Peter Ward）は、適者生存に依存することで、冷酷な競争が資源と人の破壊に繋がるとするメデア仮説を生み出したと示唆した。一方、ジェームズ・ラブロック（James Lovelock）は、ガイア理論を提唱した。ガイア理論とは、人間がある程度協力し合って働き、もっとも適応力のある個体だけでなく、種と惑星の存続にも目を向けた理論である。

ガイア理論は地球とその住民を自己規制するシステムであると考えており、その目標は「現時点の生命にできるだけ好ましいように表面状態を規制する」[(7)]。一部の科学者は、ガイア仮説を支持する人を「新時代」の空想家と考えているが、フラネリーは、この理論が自然科学にもとづいていると主張している。

ダーウィン主義とそのメデア仮説は、植民地時代の過去と世界各地の先住民の大量殺戮を調査することを望まない人々に慰めを与えるかもしれないが、世界とその生物の未来について、私たちはもっとも一貫した思考と判断をする必要がある。現代文明の軌跡を疑わしく思うというのは、民間企業や科学的探究をあざ笑うのではなく、それらのエネルギーが地球を破壊しないような方向に向けられることを願うことだ。

これは他者への過度の同情（bleeding-heart confection）や高貴な未開人（noble savages）への崇拝をいっているのではない。慎重な経済運営と地球そのもの、つまり神またはバンジル（Bunjil）［ビクトリア州の大地を創造した創造主のワシ］またはブッダの創造（どの神かはほとんど問題ではないが）による創造物への崇拝的な尊敬である。健康な惑星での人類の生存は、緩やかで自由な夢想ではない。それは健全な地球の管理であり、もっとも深い宗教的衝動である。

世界のどの時代の人々も、抑圧や不快感、不合理を望んではいなかった。食糧、住居、目的に対する欲求は普遍的だ。そのため、市民にこれら三つの肉体的・精神的な必要事項を提供した制度は成功したと見なされなければならず、さらに、そのような制度の長期的な存続は国民の意志によってのみ可能となる。

本書とその研究の一部を成す本を読んでいる人は、オーストラリアのアボリジナルの人々における開発の軌跡が、本格的な科学的および農耕的進歩に繋がらなかったのはなぜなのか不思議に思うだろう。ルパート・ゲェリッツェン（Rupert Gerritsen）は、どんな文化の革新もその規模に比例しているのではないかと考えている。これで探検家たちが見たオーストラリアは説明できるかもしれないが、おそらくアボリジナルの文明には証拠にもとづいた哲学的な理由がある。

おそらく人類の運命はまだ流動的であり、私たちが正しく畏敬の念を抱いている現在の繰り返しは、その特質のなかにいくつかの危険な欠陥を持っている。民間企業のシステムによって促進される卓越性への推進には、急激な人口増加に対する要求が組み込まれており、過去数十年間に経験したように、このシステムは大気の質、肥沃な土壌、きれいな水といった重要な資源を守ることができないように見える。

それは資本主義と共産主義の違いではない。資本主義とアボリジナル主義の違いだ。資本主義は、仲間の資本家の間で意思決定のためのプラットフォームを提供するが、国の広大な範囲の地域社会を説得するという重荷の下では身震いする。もしそうでなかったならば、マレー・ダーリング（Murray Darling）川流域の管理はこのように行き詰まることはなかっただろう。飲料水なしに連邦から州が独立することは考えなかっただろう。炭層ガス採掘者が農夫の土地を破壊し、大陸の地下水そのものを脅かすのを許すような法律を作ることはなかっただろう。

私たちは自分たちが幸運なオーストラリア人だと自分たちに言い聞かせ続けている。そうだ私たちは正しい。しかし、ドナルド・ホーン（Donald Horne）が何年も前に話してくれたように、私たちは借り入れた資金を使っている。10万人もの人々が集まって音楽会やスポーツ・イベントに参加し、その夜のうちに全員が無事に帰宅できるのは幸運である。十分な食べ物と静かなビーチがあるのは幸運である。民主主義が機能していて幸運である。

この国の歴史を認めアボリジナルおよびトレス海峡諸島の人々の社会的、農耕的、哲学的業績を認めることは、経済を危険に曝すことにはならない。

過去のアボリジナルの誇りを取り戻し、その過去を未来に知らせることができれば、アボリジナルの人々から絶望という束縛を取り除くことになるだろう。アボリジナルの人々は、過去の誇りのために、または先祖の功績を称える決意のために議論すればするほど絶望が強まる。アボリジナルが議会の計画を妨げているのを理由に彼らの生活や歴史を地図から消し去る、ということをさせないようにすることは、この国の将来に対して大きな影響を与えるだろう。

アボリジナルの人々の完全な参加を奨励することは、億万長者の鉱山で働くために彼らに蛍光ベストを手渡すという単純な作業ではなく、この国の将来についてアボリジナルの人々との会話を必要とする。この国の将来に関わる機会があれば、アボリジナルの人々は植民地主義の束縛から解放されるだろう。我が国は依然として植民地化されたままだろう。略奪は、投票や憲法だけでなく、一般的なオーストラリア人の精神にも含まれるからである。私たちは、「一つの国家」という考えに、排他ではなく、めったに言及されない包摂、すなわちアボリジナルの参加という包摂によってアプローチしようと考えている。

しかし、さらに重要なのは、それが知的・道徳的利益をもたらし、植民地主義と略奪を正当化するために現在おこなっている精神的な鍛練から私たちを解放してくれることだ。

「すみません」というだけで「ありがとう」とはいえないという事実を立証するために、ある国が、歴史の現実から目を逸らし続けることができるとは思えない。

もし私たちが感謝すると決めたなら、道徳的国家のアジェンダの次のステップは、すべてのオーストラリア人が歴史を認めるようにし、私たちは皆オーストラリア人であるから、私たちは、この国の教育、健康、雇用を平等に分かち合う機会を持つべきだと主張することだ。多くの人は、土地の喪失を説明するのに平等では不十分だというだろうが、現在の苦境において、そこからはじめるのは悪くない。

その旅のはじまりは、アボリジナルの人々は家屋を建て、作物を栽培し、灌漑し、衣服を縫っていたのであり、土地をさまよう不運な放浪者（wanderers）、すなわち単なる狩猟採集民でなかったことを知ることだ。アボリジナルおよびトレス海峡諸島の人々は、この国の生産性に介在していた。その過程で何千年にもわたって学んだことは、今日の私たちに役立つであろう。アボリジナルおよびトレス海峡諸島の人々の農耕と精神面での業績を否定することは、異文化間の理解にとって、そしておそらくオーストラリア人の道徳的な幸福と経済的繁栄にとって、唯一最大の障害となる。

謝辞

私は、ルパート・ゲェリッツェン（Rupert Gerritsen）に対して、彼の著書『オーストラリアと農業の起源（*Australia and the Origins of Agriculture*）』に深く感謝しています。グーグルでオーストラリアのアボリジナルの穀物を検索していたときにこの本を見つけました。それは検索結果の35番目にリストアップされていましたが、その前のすべてのリストは現代の小麦作物に言及しているだけで、このトピックに向けられた分析が少ないことがわかりました。

その後の検索で、ビル・ガメージ（Bill Gammage）のエッセイを見つけました。そのなかで彼はアボリジナルの園芸と農耕について書いています。ガメージの最新の著書『地球上でもっとも広大な用地（*The Biggest Estate on Earth*）』は、初期の探検家と入植者の報告を徹底的に詳しく調査しており、その多くは偶然出会った「紳士の土地（gentleman's estate）」について語っています。それは、荒野でもなければ、放浪者（wanderers）が住む土地でもなく、食糧生産のための最良の環境を計画的に作ろうとしてきた人々による計り知れない労働によって作られ管理された景観です。

私の編集者であるマーガレット・ウィスキン（Margaret Whiskin）には、彼女の深い洞察力と激励、そしてこの本が完成するまで辛抱強く私の執筆に付き合っていただいたことに、感謝申し上げます。私は先祖たちが土地を巧みに守ってくれたことに感謝しています。8万年以上も続き、農業と……平和の両方に依存してこれた文明は、地球上でほかのどこに存在できたでしょうか?

以下の人たちから情報、助言をいただきました。ゴードン・ブリスコウ（Gordon Briscoe）、ジョン・クラーク（John Clarke）、ネヴィル・オディー、リン・ハーウッド（Lyn Harwood）、スーザン・パスコウ（Susan Pascoe）、ジャック・パスコウ（Jack Pascoe）、クーリィ遺産センター（Koorie Heritage Trust）、言語に関するビクトリア州アボリジナル法人（Victorian Aboriginal Corporation for Languages）、ブレワリナ文化センター（Brewarrina Cultural Centre）、ブラッド・ステッドマン、アンクル・マックス・ハリソン、スー・ウェッソン、リネット・ソロモン＝デント（Lynnette Solomon-Dent）、ヴィッキー・コゼンス（Vicki Cozens）、フラン・ムーア（Fran Moore）、テッド・レフロイ（Ted Lefroy）、ハーブ・パッテン（Herb Patten）、マイケル・ペリー（Michael Perry）（地図の探索において）、レグ・アブラハムズ（Reg Abrahams）、エリザベス・ウィリアムズ、ポーリン・ワイマン（Pauline Whyman）、マイク・メロニー（Mike Merrony）、リチャード・クーマ・スウェイン（Richard (Cooma) Swain）、テッド・ドネラン（Ted Donelan）、クリスティーナ・エイラ（Christina Eira）、スティーブン・モレイ（Stephen Morey）、マックス・アレン（Max Allen）、イアン・シバース、シャルロット・フィンチ（Charlotte Finch）、ベロニカ・フレイル（Veronica Frail）、ハリー・アレン、ポーラ・マーティン（Paula Martin）、雑誌『アーティファクト（*The Artefact*）』、スー・ノーマン、ベティ・クルーズ（Betty Cruse）、リディ・スチュワート、マリア・ブランドル（Maria Brandl）、アネット・ペイズリー、ピーター・ガーディナー（Peter Gardiner）、レイ・ノリス（Ray Norris）、ジョン・モリエソン、マイケル・ウォルシュ、ジェイソン・スチュワート（Jason Stewart）、ニック・コノートン（Nick Connaughton）（過リン酸塩について）、セントキルダ在来種苗木組合（St Kilda Indigenous Nursery Co-operative：ＳＫＩＮＣ）、ラッセル・マレット（Russell Mullet）、ベス・ゴット、バリー・ピトック（Barrie Pittock）、ケヴィン・ロー（Kevin Lowe）、小林豊、エレイン・ヴァン・ケンペン（Elaine van Kempen）、エリック・ロールズ、ピーター・ゲブハルト（地図の探索において）、ジョン・キャンベル（John Campbell）（製粉業者）、バーバラ・ハート（Barbara Hart）、ベン・シューリー（Ben Shewry）、マイケル・ウェスタウェイ、リズ・ウォーニング（Liz Warning）、ピーター・ウロダルクジィック（Peter Wlodarcszyk）、赤ひげパン屋（Red Beard Bakery）、ジョルジオ・ディ・マリア（Giorgio di Maria）、ジェームズ・ハード（James Hird）、マンゴ湖のご婦人たち、その他多数。

訳者あとがき

本書は、オーストラリア先住民の文学者であり歴史学者でもあるブルース・パスコウが２０１８年に著した*Dark Emu: Aboriginal Australia and the Birth of Agriculture*（以下、『ダーク・エミュー』）の全訳である。ただし、訳出にあたっては、いくつかの誤植訂正と補足情報を加筆される前の第１版*Dark Emu: Black Seeds: Agriculture or Accident?*（２０１４年）も全文参照している。本書はニューサウスウェールズ州知事の文学賞、なかでも本大賞と先住民作家賞の二つを受賞するなど、高い評価を受けている。パスコウは２０２０年からメルボルン大学で先住民農業に関する教授に任命され、またブラック・ダック・フーズでは理事として食品生産のための農業活動に従事している。

シフト・アイデアと「歴史戦争」

パスコウは、オーストラリア社会におけるこれまでの先住民に対するイメージや考えを大きく転換させる契機を生むために本書を出版したと述べており（18ページ参照）、そうした意図はシフト・アイデア（Shift Idea）と呼ばれる[1]。

しかしこうした著者の目的は同時に、オーストラリア先住民の文化や歴史に関する「戦争」（以下、歴史戦争）を再熱化させた。本書では、先住民が土地を利用し管理していたことを、「農耕」「水産養殖」「人口と住居」「貯蔵と保存」そして「火」の利用方法に注目しつつ、植民地期初期の入植者が記録した日記や民族誌を多数引用して記述している。そうした諸史実は、今日のオーストラリア社会の一部の個人や集団から支持される一方で、強い非難も受けている。

たとえば、本書でも引用されているようにルパート・ゲェリッツェンとビル・ガメージは、ヨーロッパ人の到着前にアボリジナルによってオーストラリアでおこなわれた農耕と養殖の慣行を記述し、先住民から学ぶことの必要性を問うている。(2)

一方で本書への非難は、先住民の土地所有権の否定や、著者パスコウが先住民であるかどうか疑わしいとする無理解な非難であり、それらは書籍や新聞、ネット上で晒された。とりわけウェブサイトDark Emu Exposed（DEE）では、パスコウの情報源の調査を通じて彼が間違っていることを証明しようと試み、また彼のアイデンティティを疑問視する匿名による扇動もあった。(3)

こうした無理解な非難や感情的なもつれは、この『ダーク・エミュー』をとりまく論争以前にもこれまでに幾度となく起きている。たとえば1990年代後半から2000年代初頭にはアボリジナルに関する恥ずべき歴史に向き合おうとする態度が当時のジョン・ハワード首相やワンネーション党により「黒い腕章史観」と揶揄された。また歴史学者キース・ウィンシャトルは、それまでいわれてきたアボリジナルに対するあまたの迫害事件が口承にのみもとづいており、歴史資料では立証されていないと断じた。[4] ２０１０年には、ジャーナリストのアンドリュー・ボルトが、パスコウを含む肌の色の「白い」先住民の個人を名指して、「先住民になることが大流行」と冠する記事を大手新聞に掲載して非難した。[5]

これに対して、非先住民の市民や先住民側からの反論も起こり、人種差別禁止法や人権委員会を活用した司法、立法による対応を迫ってきた。その結果、ボルト論争に対しては、ボルトの言論が人種差別にあたるとする判決がビクトリア州裁判所でくだされた。[6] このように一定の措置がとられたものの、『ダーク・エミュー』（２０１４年版）が刊行されると、オーストラリア先住民の「歴史戦争」が再熱化したのである。

研究者による『ダーク・エミュー』論争

前述の『ダーク・エミュー』に対する無理解な非難に加え、２０２１年3月に人類学者ピーター・サットンと考古学者ケーリン・ウォルシュの共著 *Farmers or Hunter-Gatherers?: The Dark Emu Debate* がメルボルン大学出版社から出版された。本書は、西洋の教育システムで「正式に訓練」された「博識な」専門家が、「複数の事実」と「客観的な根拠」にもとづき、『ダーク・エミュー』の狩猟・採集民でなく農耕民であるとする一つの主張を喝破する学術書である。これにより『ダーク・エミュー』をめぐる「歴史戦争」の主体が、一般市民から専門家にまで波及し、こうした専門家による論争を後ろ盾に、『ダーク・エミュー』に対する非難はネット上だけでなくマス・メディアを通して公然とおこなわれるようになった。

サットンとウォルシュによる『ダーク・エミュー』批判の中心は、社会進化論的な枠組みにおいて農耕民が狩猟採集民よりも進歩しているとするパスコウの考え方に対してである。こうした見方を文献資料とフィールドワークの経験、そこで得た口承にもとづく「科学」的な分析により痛烈に批判し、「ハンター・ギャザラー・プラス」という語を用いて、進化論的な枠組みに回収されない狩猟採集民の立場を擁護している。これに対して、文化人類学者を中心に賛否両論が交わされている。

たとえばリチャード・デイビスとジリアン・コウリショウは、パスコウの引用、言い換え、社会進化論にもとづく狩猟採集民の劣位選択に明らかな問題があることを指摘しつつも、特権的な立場にあるサットンらの批判が先住民の文化や歴史を不変で所与のものにすることに警鐘を鳴らす。その上で、『ダーク・エミュー』は植民地前の先住民に対するオーストラリアの代替的な見解の可能性を生み出すとして、パスコウの見解を支持している。(7) 一方でイアン・キーンは近代的な啓蒙主義の思想にもとづく「事実」と「根拠」を提示して『ダーク・エミュー』の問題点を詳細に示すサットンとウォルシュの著書を支持し、デビッド・トリガーやフランシェスカ・マランもそうした「科学的」な分析にもとづく批判を支持している。(8) こうした考えは、先住民女性で歴史学者でもあるRMIT大学の特任教授ビクトリア・グリーブ・ウィリアムズからも支持された。彼女は「科学的」な根拠に加え、先住民の口承を多く提示し、狩猟採集民と農耕民の優劣の議論を無効化するサットンとウォルシュの著書を高く評価したのである。(9) こうして、『ダーク・エミュー』は人類学会のなかだけでなく、先住民内部でもその意見を二分するほどの事態を引き起こしている。(10)

『ダーク・エミュー』論争に見る歴史戦争の特異性

このように、オーストラリア国内の先住民を含む専門家から一般の読者まで広く物議を醸している本書ではあるが、2000年代初頭までの「歴史戦争」と異なる点は、オーストラリア先住民の歴史が市民社会に一定の割合で理解され、『ダーク・エミュー』を支持する非先住民が存在することである。そうした要因には1991年に10年間の時限立法で設置されたアボリジナル和解委員会と現在も存続するNPO和解オーストラリアの活動が挙げられる。両組織は、過去から現在におよぶ先住民に対する過ちと不正の承認、それに対する謝罪と経済的補償や法的保障について先住民と非先住民が互いに学び合う機会を全国規模で設置してきた。もう一つは、先住民の著者が口承ではなく、植民地期初期の入植者が記録した日記や民族誌、さらに現在の研究者の論文を多数引用して記述したことが挙げられる。上述の通り、サットンら博学な人類学者や考古学者からの批判にあうが、そのことは、後にも触れるように西洋由来の「科学」という近代社会システムの根底を揺さぶることにも繋がった。

また、本書は先住民研究に関する専門書としてだけでなく、一般読者に向かって執筆された書物である点にも意義が見いだせよう。事実、パスコウは2019年に*Young Dark Emu: A Truer History*

を児童向けに出版し、老若男女問わず幅広い読者にたいして先住民イメージの転回を試みている。こうしたシフト・アイデアとして著者パスコウが提起するのは、オーストラリア先住民の歴史が古く、またその生活様式が高度なものであったことだけでなく、平和と環境に優しい生活スタイルであったことである。そうした知識を無批判に称賛するべきではないが、人類が環境を支配する「人新世《アンソロポシーン》」時代を生きる私たちに役立つ知識であるといえるだろう。

「外交官」としてのパスコウ

さらにブルーノ・ラトゥールが『諸世界の戦争――平和はいかが？』で提示した「外交官」の例えにもとづけば、『ダーク・エミュー』と著者パスコウはこうした役割を担っているように思われる。本書でラトゥールは、まず西洋世界が複数の諸世界との間の戦争の存在を認め、次いで「共通世界」へ至るための「和平交渉」を担う「外交官」の役割が重要であるという。彼は、西洋側の「外交官」を人類学者とし、近代社会システムによらない個別事象に対して異なった解釈が生じる理由を明確にしようとする「構成主義」の立場を人類学者はとるべきであるという。一方の非西洋側の「他者」の「外交官」は詳述しないが、『ダーク・エミュー』の著者パスコウは、ここでの「他者」の「外交官」の役割を担っていると訳者は考える。

このラトゥールの枠組みにもとづけば、『ダーク・エミュー』論争においては「科学」「神」「個人」「経済」「政治」を基本要素とする近代社会システムは意味をなさないことになる。したがって、

『ダーク・エミュー』に対する「個人的」な無理解な非難や専門家による「科学的」な批判も無効化されることになる。こうした『ダーク・エミュー』論争をめぐるオーストラリアにおける「人新世」時代の「共通世界」の実現を目指す「和平交渉」とはいかなるものなのか、人間と非人間の間の交渉も含めると今後も目を離せない。

最後に、私がオーストラリア先住民の友人から学んだエピソードを一つ挙げて、あとがきを締めくくる。

メルボルンから300キロ北上したバルマ森林の入口にひっそりとたたずむアボリジナル・コミュニティでの夜の出来事である。レイは、この地方町のキャラバン・パークで2006年から断続的にフィールドワークをしていた私を気遣って、よく自宅に招き入れてくれた。

2007年7月下旬、この日もレイ宅を訪れていた。夜は大変冷え込んでいたが、レイは私に外で焚火をしようといい、焚火の周りを彼と彼の子どもたちと囲んでいるときだった。

雄吾、南東の空を見上げてごらん。南十字星が見えるだろ。その隣に黒い斑点が見えるかい。一般的には天の川として知られているが、俺たちはあれをダーク・エミューと呼ぶんだ。この時期はちょうど繁殖を終えて、雄のエミューが卵を孵化させているところだ。そこで、エミューの鳴き声をまねて、侵入者が来たと勘違いした雄のエミューが侵入者を追い払っている間に、一つか二つの卵をとる、全部はとらない。祖先はダーク・エミューを見て1年のエミューのライフサイクルを知るだけでなく、来る季節の天候に備えたり、通過儀礼をする時期なども決めていたんだ。

レイが当時私に語ってくれた物語は「夜空のエミュー」として多くの先住民集団に語り継がれてきた物語だ。その物語は今日、オーストラリアの教育省によって西欧の天文学と同等の知識として認められ、初等・中等・高等の教育機関にて先住民研究者を中心に教えられている(11)。

本書がオーストラリア先住民に対するこれまでのイメージや考えを転換させる契機となり、さらには、地球と人類の関係を見つめ直す機会となれば訳者として幸いである。

翻訳書に残された悪訳や誤訳については、ひとえに訳者の責任である。諸賢の批判を待ちたい。

出版のために版権交渉をはじめ奔走してくださった大江道雅さんと編集を担当してくださった岡留洋文さんに感謝申し上げる。著者であるパスコウ先生には、日本語版を出版するにあたり、訳者の質問にお答えいただき、また序文を届けてくださったことに、厚くお礼申し上げる。なお、本書は在日オーストラリア大使館より出版経費の一部をご支援いただき、出版することができた。関係諸氏に深く感謝申し上げる。最後に、2020年から1年間の長期研究をオーストラリア国立大学とメルボルン大学にて実施する予定が、新型コロナ感染症拡大のためかなわなくなり、研究テーマを大きく変更する必要があった。その一つに本書の出版を計画したのであるが、そうした激動する世界情勢のなかで辛抱強く私を支えてくれた、妻の真矢と息子の恵千香と光紀にありがとうと伝えたい。

2022年3月　京都にて

友永　雄吾

注

（1）'Bruce Pascoe on fighting bushfires and the fight over his identity,' *Big Weekend of Books with Jonathan Green in ABC Radio National*, Jun 20, 2020（https://www.abc.net.au/radionational/programs/big-weekend-of-books/big-weekend-of-books-bruce-pascoe-jonathan-green/12296240：２０２１年９月３日閲覧）

（2）Gammage, Bill, 2012, *The Biggest Estate on Earth: How Aborigines Made Australia* Allen & Unwin. Gerritsen, Rupert, 2008, *Australia and the Origins of Agriculture*, Oxford: British Archaeological Reports.

（3）Davis, Richard, 2020, 'Black Agriculture, White Anger: arguments over Aboriginal land use in Bruce Pascoe's Dark Emu,' *Borderlands* pp.57-70. Dark Emu Exposed（https://www.dark-emu-exposed.org/：２０２１年９月３日閲覧）

（4）Manne, Robert, 2003, *Whitewash: On Keith Windschuttle's Fabrication of Aboriginal History*. Black Inc

（5）Bolt, Andrew, 'It's so hip to be black' *Herald Sun*, April 15, 2009.（https://www.abc.net.au/mediawatch/transcripts/1109_heraldsun09.pdf：２０２１年９月３日閲覧）

（6）クープ・ステファニー 2013「オーストラリアにおける人種に基づく中傷の禁止と表現の自由――イートック v. ボルトを中心に」『アジア太平洋レビュー（10）』２～14頁

（7）Davis, Richard, 2021, 'Dark Emu's Critics,' *Arena Quarterly*, No. 7, pp.80-83. Cowlishaw, Gillian, 2021, 'Misreading Dark Emu,' *Pearls and Irritations.*（https://johnmenadue.com/misreading-dark-emu/#：２０２１年９月３日閲覧）

（8）Keen, Ian, 2021, 'Foragers or Farmers: Dark Emu and the Controversy over Aboriginal Agriculture,' *Anthropological Forum*, 31:1, pp.106-128

（9）Grieve-Williams, Victoria, 2021, 'Dark Emu 'hoax': takedown reveals the emperor has no clothes,' *The Australian*, July 2, 2021.

（10）人類学界での狩猟採集民研究に関する議論は、１９６０年代後半から過熱化する。リチャード・リーが *Man the hunter* を１９６８年に出版すると、アフリカ南部カラハリ砂漠に住む狩猟採集民サンが、先史時代の生き証人とされ狩猟採集社会に見られる平等性やシェアリングなどの制度や習慣が、「文明」以前の人類の原型であるとする考えが定説化した。一方で１９８０年に考古学者エドウィン・ウイルムンセンらによって、狩猟採集民は植民地・帝国主義の影響、すなわち「文明」の発展から取り残された結果生み出された社会であるとする立場が提示された。

いわゆる前者の意見を「伝統主義」とし、後者の意見を「歴史修正主義」とする「カラハリサン論争」である。この議論は現在も係争中であるが、現時点では、狩猟採集の生活様式が、経済様式による一つの分類であり、社会や文化の類似にまで不変化できなく、時代的な尺度で固定化もできないとする、伝統主義と歴史修正主義を折衷した考えとして収斂されている。この論争からすれば『ダーク・エミュー』論争における争点は、双方ともに折衷的な視点を示しているが、サットンとウォルシュの考えは土地権の獲得や先住権原の承認のために必要とされる伝統主義により近く、パスコウの考えは、そうした土地の諸権利では否定されてきた歴史修正主義の側に傾注していると訳者は考えている（たとえば、池谷和信「生態人類学――リチャード・リー」岸上伸啓編著『はじめて学ぶ文化人類学――人物・古典・名著からの誘い』ミネルヴァ書房89～94頁を参照）。

（11）Kristen Banks "65,000 yrs—the great history of Australian Aboriginal Astronomy," TEDxYouth@Sydney (https://www.youtube.com/watch?v=mYr7ZCn04eA)（２０２２年３月３日閲覧）

参考文献

クープ・ステファニー 2013「オーストラリアにおける人種に基づく中傷の禁止と表現の自由――イートック v. ボルトを中心に」『アジア太平洋レビュー（10）』2～14頁

Davis, Richard. 'Black Agriculture, White Anger: arguments over Aboriginal land use in Bruce Pascoe's Dark Emu,' *Borderlands*, 2020, pp.57-70.

Davis, Richard. 'Dark Emu's Critics,' *ARENA QUARTERLY*, NO. 7, 2021, pp.80-83.

Gammage, Bill. *The Biggest Estate on Earth: How Aborigines Made Australia* Allen & Unwin, 2012.

Gerritsen, Rupert. *Australia and the Origins of Agriculture*, Oxford: British Archaeological Reports, 2008.

Keen, Ian, 2021, 'Foragers or Farmers: Dark Emu and the Controversy over Aboriginal Agriculture,' *Anthropological Forum*, 31:1, pp.106-128.

ラトゥール・ブルーノ 2020『諸世界の戦争――平和はいかが？』以文社

Manne, Robert. *Whitewash: On Keith Windschuttle's Fabrication of Aboriginal History*. Black Inc, 2003.

Pascoe, Bruce. *Dark Emu: Black Seeds: Agriculture or Accident?* Magabala Books, 2014.
Pascoe, Bruce. *Dark Emu: Aboriginal Australia and the Birth of Agriculture*. 2nd edn. Magabala Books, 2018.
Pascoe, Bruce. *Young Dark Emu: A Truer History*. Magabala Books, 2019.
Sutton, Peter & Walshe, Keryn. *Farmers or Hunter-Gatherers?: The Dark Emu Debate*, Melbourne University Press, 2021.

Research, vol. 2, University of Queensland, Brisbane, 1985

Wesson, S., *Gippsland Women's Oral History*, Gippsland and East Gippsland Aboriginal Co-op, 1997a

———, Transcripts and Extracts Taken from Records for NE Victoria and Southern NSW, unpublished manuscript, 1997b

———, 'An Historical Atlas of the Aborigines of Eastern Victoria and South-eastern NSW', *Monash Publications in Geography and Environmental Science*, no. 53, 2000

———, 'The Aborigines of Eastern Victoria and Far Southeastern New South Wales, 1830 to 1910: an historical geography', unpublished thesis, Monash University, Faculty of Arts, School of Geography and Environmental Science, 2003

Westminster Select Committee of Legislative Council, 'The Aborigines', Victorian Senate papers office, 3 February 1859

White, J.P., 'Agriculture: was Australia a bystander?', presented at The Fifth World Archaeological Congress Washington DC, 2003

White, P., 'Revisiting the Neolithic Problem in Australia', in Bird and Webb, *Fire, Hearth: forty years on*, Records of Western Australian Museum, supp. 79

Williams, E., 'Documentation and Investigation of an Aboriginal Village in South Western Victoria', *Aboriginal History*, vol. 8, 1984

———, 'Complex Hunter Gatherers', *Antiquity*, vol. 61, 1987

———, *The Archaeology of Lake Systems in the Middle Cooper Basin*, records of the South Australian Museum, 1998

Williams, J., *Clam Gardens: Aboriginal mariculture on Canada's west coast (Transmontanus)*, New Star Books, Vancouver, 2006

Willingham, R., 'Native Title Law Attacked', *The Age*, 16 September 2010

Woolmington, J., *Aborigines in Colonial Society*, Cassell Australia, North Melbourne, 1973

Wright, B., 'The Fish Traps of Brewarrina', Aboriginal Health Conference, NSW, September 1983

Wurm, P., L. Campbell, G.D. Batten, and S.M. Bellairs, 'Australian Native Rice: a new sustainable wild food enterprise', Research Institute for the Environment and Livelihoods, Rural Industries Research and Development Corporation, Research Project No. PRJ000347/Publication No. 10/175, 2012

Young, M. (compiler), *The Aboriginal People of the Monaro*, second edition, NSW National Parks and Wildlife Service, 2000

（ティモシー・スナイダー著，布施由紀子訳『ブラッドランド――ヒトラーとスターリン 大虐殺の真実』（上・下）筑摩書房，2015.10）
Spencer, B. and F. Gillen, *The Native Tribes of Central Australia*, Dove, New York, 1899
Stanner, W.E.H., *After the Dreaming: black and white Australians—an anthropologist's view, Australian Broadcasting Commission*, Boyer lectures, Sydney, 1968
——, *White Man Got No Dreaming: essays, 1938-73*, ANU, Research School of Social Sciences, 1979
State Library of NSW, *Marinawi: Aboriginal odysseys*, State Library of NSW, 2010
Stuart, J.M., *Explorations in Australia: the journals of John McDouall Stuart*, Saunders and Otley, 1864
Sturt, C., *Two Expeditions into the Interior of Southern Australia*, vols I and II, Smith, Elder, London, 1833
——, *Narrative of an Expedition into Central Australia*, T & W Boone, 1849
Sullivan, P., 'Desert Knowledge', working paper no. 4, Indigenous Governance, Desert Knowledge CRC, 2007
Sullivan, M., S. Brockwell, and A. Webb, Archaeology in the North, proceedings of the 1993 Australian Archaeological Association Conference, 1994
Tatz, C., 'Genocide in Australia', *AIATSIS Research Discussion Papers*, no. 8, 2000
Thomas, W., unpublished transcription of his papers by the Victorian Aboriginal Corporation of Languages, 2013
Thomson, D., *Donald Thomson in Arnhem Land*, Miegunyah Press, Melbourne, 2003
Tindale, N., 'Adaptive Significance of Panara or Grass Seed Culture of Australia' in Wright, B., *Hunting and Gathering and Fishing*, AIATSIS, Canberra, 1978
Todd, A., *The Todd Journal 1835 (and publisher's notes)*, Library Council of Victoria, 1989
Tonkin, D. and C. Landon, *Jackson's Track*, Penguin, Melbourne, 1999
Tales of Far South Coast, *Tales of Far South Coast Journal*, vols 1–4, Merimbula, 1982
Turnbull, D., *To Talk of Many Things*, IT University, Copenhagen, September 2015
University of Western Australia, 'Recording a Visual History', *Uniview*, vol. 30, no. 1, 2011
Weatherhead, A., *Leaves from My Life*, Eden Museum, (facs.) 1998
Wakefield, N., 'Bushfire Frequency and Vegetational Change in SE Australian Forests', *Victorian Naturalist*, no. 87, 1970
Walsh, N., 'A Name for Murnong', *Royal Botanic Gardens*, no. 34, 2016, pp. 63–7
Walters, I., 'Some Observations on the Material Culture of Aboriginal Fishing in the Moreton Bay Area: implications for archaeology', *Queensland Archaeological*

健康の神話を撃つ』ダイヤモンド社，1993.10）
Robinson, G.A., *The Journals of George Augustus Robinson*, vol. 2, 31 October 1841, Heritage Matters, Melbourne, 1998
Rolls, E., *A Million Wild Acres*, Nelson, Melbourne, 1981
——, 'A Song of Water', *Island*, no. 102, Spring 2005
——, Epic Rolls, unpublished manuscript, 2009
—— (ed.), *An Anthology of Australian Fishing*, McPhee-Gribble, Ringwood, 1991
Rose, F., *The Traditional Mode of Production of the Australian Aborigines*, Angus and Robertson, Sydney, 1987
Rose, N. (ed.), *Fair Food*, UQP, Brisbane, 2015
Ross, P., *Ngarrindjeri Fish Traps of the Lower Murray Lakes and Northern Coorong Estuary*, PhD thesis, Flinders University, Adelaide, 2009
Roth, H.L., 'On the Origins of Agriculture', *Journal of Anthropology of Great Britain and Ireland*, vol. XV, 1886
Russell, L. and I. McNiven, 'Monument Colonialism', *Journal of Material Culture*, vol. 3, no. 3, 1998
Russell-Smith, J. et al, 'Aboriginal Resource Utilization and Fire Management in Western Arnhem Land, Monsoonal Northern Australia, Notes for Prehistory, Lessons for the Future', *Human Ecology*, vol. 25, no. 2, 1997
Sacks, O., *The Island of the Colourblind and Cycad Island*, Vintage Books, Random House, New York, 1998
Samson, B., 'The Brief Reach of History and the Limitation of Recall', *Oceania*, no. 76, 2006
Scofield, C., *Bombala: Hub of Southern Monaro*, Shire of Bombala, 1990
Sefton, C., 'Molluscs and Fish in the Rock Art of the Coast, Estuary and Hinterland of the Woronora Plateau of NSW', *Rock Art Research*, vol. 1, no. 2, 2011
Smith, B., '35,000 Year Old Axe Head', *The Age*, 12 November 2010
Smith, J. and P. Jennings, 'The Petroglyphs of Gundungurra Country', *Rock Art Research*, vol. 28, no. 2, 2011
Smith, L.T., *Decolonising Methodologies*, Zed Books, London, 2012
Smyth, D., 'Saltwater Country: Aboriginal and Torres Strait Islander Interest in Ocean Policy Development', *Socio-cultural Policy Paper* 36, Commonwealth of Australia, 1997
Smyth, R.B., *The Aborigines of Victoria and the Riverina*, John Ferres, Gvt. Printer, Melbourne, 1878
Snyder, T., *Bloodlands: Europe between Hitler and Stalin*, Vintage, London, 2011

——, *Solar Based Lithic Design*, World Archaeological Congress, Washington, 2003
——, Munungabumbum of the Dja Dja Wurrung: the mentor of Mindi, unpublished manuscript, 2010
Muellaria, vol. 34, Royal Botanical Gardens of Victoria, 2016, pp. 63–7
Muir, C., Writing the Toad, unpublished manuscript, 2011
Mulvaney, J. et al. (Eds), *My Dear Spencer*, Hyland House, Melbourne, 2000
Mulvaney, K., *Burrup and Beyond*, Ken Mulvaney, Perth, 2013
Museum Victoria, *Bunjilaka*, Museum Victoria, 2000
Nakata, N., The Cultural Interface, PhD thesis, James Cook University, 2007
Niewojt, L., 'Gadabanud Society in the Otway Ranges', *Aboriginal History*, no. 33, 2009
Norris, R. and C. Norris, *Emu Dreaming*, Emu Dreaming, Sydney, 2009
O'Connell J., P. Latz, and P. Barnett 'Traditional and Modern Plant Use Among the Alyawara of Central Australia', *Economic Botany*, no. 37, 1983, pp. 80–109
O'Connor, N. and K. Jones, *A Journey Through Time*, self-published family history, 2003
O'Mara, P. (Ed.), *Medical Journal of Australia*, vol. 192, no. 10, Australian Medical Publishing, Sydney, May 2010
Organ, M.K. and C. Speechley, *Illawarra Aborigines—An Introductory History*, University of Wollongong, 1997
Pascoe, B., *Convincing Ground*, Aboriginal Studies Press, Canberra, 2007
Peisley, A., Our Outback Larder, unpublished manuscript, 2010a
——, The Re-Discovery of Gippsland Explorers, unpublished manuscript, 2010b
——, A–Z Plants, unpublished manuscripts, 2011
——, various unpublished research documents (Pascoe collection)
Pepper, P. and T. DeAraugo, 'The Kurnai of Gippsland', *Hyland*, vol. 1, 1985
Phillips, G., 'Life Was Not a Walkabout for Victoria's Aborigines', *The Age*, 13 March 2003
Platts, L., *Bygone Days of Cathcart*, Platts, Cathcart, 1989
Pope, A., One Law for All?, unpublished manuscript, 2010
Poulson, B., *Recherche Bay*, Southport Community Centre, 2004
Read, P. (Ed.), *Indigenous Biography and Autobiography*, ANU E Press and Aboriginal History Incorporated, Aboriginal History Monograph 17, 2008
Reynolds, H., *An Indelible Stain?: the question of genocide in Australia's history*, Viking, Ringwood, 2001
Rhea, R., 'Knowing Country, Knowing Food', *Artefact*, vol. 35, 2012
Rifkin, J., *Beyond Beef: the rise and fall of the cattle culture*, Penguin, New York, 1991（ジェレミー・リフキン著，北濃秋子訳『脱牛肉文明への挑戦——繁栄と

Mate Mate, R., *Barndana*, unpublished manuscript

Mate Mate, R., *A Brief Insight into the Wurunjeri Tribe: the uncompleted chapter*, unpublished manuscript, Attorney-General's Department, 1989a

———, 'A Tribute to Winnie Narrandjerri Quagliotti', Wurundjeri Tribal Land and Cultural Heritage Council Inc, 1989b

Mathews, R.H., 'Aboriginal Fisheries at Brewarrina', *Journal of the Royal Society of NSW*, 1903

McCarthy, F., 'The Grooved Conical Stones of New South Wales', *Mankind*, vol. 2, no. 6, 1939

McConvell, P., *A Short Ride in a Time Machine*, MUP, Melbourne, 2004

McConvell, P. and N. Evans, (Eds), *Archaeology and Linguistics*, OUP, Melbourne, 1997

McConvell, P. and M. Laughren, 'Millers, Mullers and Seed Grinding', in H. Anderson (Ed.), *Language Contacts in Prehistory: studies in stratigraphy*, John Benjamins Publishing Company, Amsterdam, 2003

McKinlay, J., *McKinlay's Journal of Exploration in the Interior of Australia: (Burke Relief Expedition)*, F.F. Bailliere, Melbourne, 1862

McMillan, A., *An Intruder's Guide to Arnhem Land*, Duffy and Snellgrove, Sydney, 2001

McNiven, I. and L. Russell, *Appropriated Pasts*, Altamira Press, Oxford, 2005

Memmott, P., *Gunyah, Goondie and Wurley: the Aboriginal Architecture of Australia*, UQP, Brisbane, 2007

Menzies, G., *1421: the year China discovered the world*, Bantam, Transworld, London, 2002（ギャヴィン・メンジーズ著，松本剛史訳『1421——中国が新大陸を発見した年』ソニー・マガジンズ，2003.12）

Mitchell, T.L., *Three Expeditions into the Interior of Eastern Australia*, vols 1 and 2, T and W Boone, London, 1839

———, *Journal of an Expedition into the Interior of Tropical Australia*, Greenwood Press, New York, 1969

Mollison, B., 'A Synopsis of Data on Tasmanian Aboriginal People', unpublished paper, Psychology Department, University of Tasmania, Hobart, 1974

Morcom, L. and M. Westbrooke, 'The Pre-Settlement Vegetation of the Western and Central Wimmera Plains', *Australian Geographical Studies*, November 1998

Morgan, P., *Foothill Farmers*, Ngarak Press, Ensay, Victoria, 2010

Morieson, J., 'Aboriginal Stone Arrangement in Victoria', unpublished paper, Australian Centre, University of Melbourne, 1994

———, 'Rock Art and Indigenous Astronomies', unpublished paper, 3rd AURA Conference, Alice Springs, 2000

Koch, H. and L. Hercus (Eds), *Aboriginal Placenames*, ANU E Press, Canberra, 2008

Kohen, J., 'The Impact of Fire: an historical perspective', paper presented at SGAP Biennial Seminar, 1993

——— (Ed.), *Aboriginal Environment Impacts*, UNSW Press, Sydney, 1995

Kondo, T., M.D. Crisp, C. Linde, D.M.J.S. Bowman et al., 'Not An Ancient Relic: the endemic Livistona palms of arid central Australia could have been introduced by humans', Proceedings of the Royal Society, 7 July 2012, vol. 279, no. 1738, pp. 2652–61

Koori Mail, 18 May 2016

Latz, P.K., *Bushfires and Bushtucker*, IAD Press, Alice Springs, 1995

———, *Pocket Bushtucker*, IAD Press, Alice Springs, 1999

Laurie, V., *The Monthly*, Text, Melbourne, June 2011

Lawlor, R., *Voices of the First Day*, Inner Traditions, New York, 1991（ロバート・ローラー著，長尾力訳『アボリジニの世界――ドリームタイムと始まりの日の声』青土社，2003.1）

Le Griffon, H., *Campfires at the Cross*, Australian Scholarly Publishing, Melbourne, 2006

Lindsay, D., *Explorations in the Northern Territory of South Australia*, Royal Geographical Society of Australasia (South Australia), 1890

Lingard, J., *A Narrative of a Journey to and from NSW*, J. Taylor and co, Chapel-en-le-Frith, 1846

Long, A., *Aboriginal Scarred Trees in New South Wales: a field manual*, Department of Environment and Conservation NSW, 2005

Lourandos, H. and A. Ross, 'The Great Intensification Debate: its history and place in Australian archaeology', *Archaeology*, no. 39, 1994

———, *Continent of Hunter Gatherers*, Cambridge University Press, Cambridge, 1997

Lowe, P. and J. Pike, *You Call it Desert—We Used to Live There*, Magabala Books, Broome, 1980

Macinnis, P., *Australia's pioneers, heroes, and fools*, Pier Nine, Murdoch Books, Sydney, 2007

Maggiore, P.M.A., 'Utilisation of Some Australian Seeds in Edible Food Products' in *The Food Potential of Seeds from Australian Native Plants* (proceedings of a colloquium held at Deakin University on 7 March 1984), G.P. Jones (Ed.), Deakin University Press, Melbourne, 1985 pp. 59–74

Mallacoota Historical Society, *Mallacoota Reflections*, Mallacoota Historical Society, 1990

Manton, B., 'A National Disaster We Choose to Ignore', *Drum*, ABC, 2011

Maslen, G., 'Cutting Edge', *The Age*, 10 February 2010

Hoare, M., *The Half Mad Bureaucrat*, Records of Australian Academy of Science, Canberra, 1973

Hoffman, P.T., *Why Did Europe Conquer the World*, Princeton University Press, 2015

Hope, J. and G. Vines, *Brewarrina Aboriginal Fisheries Conservation Plan*, Brewarrina Aboriginal Cultural Museum, 1994

Howe, K.R. (Ed.), *Mallacoota Reflections*, Mallacoota and District Historical Society, 1990

Howitt, A.W., *Land, Labour and Gold*, vols 1 and 2, Sydney University Press, 1855

———, 'On Songs and Songmakers of Some Australian Tribes', *Journal of Anthropology of Great Britain and Ireland*, vol. XV, 1886

Hunter, J., *An Historical Journal of the Transactions at Port Jackson and Norfolk Island*, Stockdale, London, 1792

———, *An Historical Account of the Transactions at Port Jackson and Norfolk Island*, Libraries Board of South Australia, 1968

Hutchings, R. and M. La Salle, 'Teaching Anti-colonial Archaeology', *Archaeologies* vol. 10, no. 1, 2014

Hynes, R.A. and A.K. Chase, 'Plants, Sites and Domiculture: Aboriginal influence upon plant communities in Cape York Peninsula', *Oceania*, vol. 17, 1982

Israeli, R., *Poison: modern manifestations of a blood libel*, Lexington Books, New York, 2009

Johnston, A., and M. Rolls, *Reading Robinson*, Quintus, Hobart, 2008

Jones, B.T., 'Embracing the Enemy', *Australian Geographic*, no. 116, 2013

Keen, I., *Aboriginal Economy and Society*, OUP, Melbourne, 2004

———, 'The Brief Reach of History', *Oceania*, vol. 76, no. 2, 2006

———, *Variation in Indigenous Economy and Society at the Threshold of Colonisation*, AIATSIS, Canberra, 2008

Kenyon, A.S., 'Stone Structures of the Australian Aborigines', *The Victorian Naturalist*, no. 47, Kerrup Jmara Elders and AAV, Lake Condah: Heritage Management Plan & Strategy, 1993

Kershaw, A.P., 'A Quartenary History of N.E. Queensland from Pollen Analysis', *Quartenary Australasia*, vol. 12, no. 2, 1994

Kimber, R.G., *Resource Use and Management in Central Australia*, Australian Aboriginal Studies, Canberra, 1984

———, 'Beginnings of Farming', *Mankind*, vol. 10, no. 3, June 1976

Kirby, J., *Old Times in the Bush of Australia: trials and experiences of early bush life in Victoria: during the forties*, G Robertson and Company, Victoria, 1897

Gott, B. and J. Conran, *Victorian Koorie Plants*, Yangennanock Women's Group, Hamilton, 1991

Gott, B. and N. Zola, *Koorie Plants, Koorie People: traditional Aboriginal food, fibre, and healing plants of Victoria*, Koorie Heritage Trust, Melbourne, 1992

Gould, R., *Yiwara*, Scribners, New York, 1969

Goyder, G.W., 'Northern Exploration', Parliamentary Papers, 1857-8SA No. 72/1857, pp.1–4, in Gerritsen, R., *Australia and the Origins of Agriculture*, Archaeopress, London, BAR series, 2008

Graham, C., 'Telling Whites What They Want to Hear', *Overland*, Issue 200, 2010

Gray, S., *The Protectors*, Allen & Unwin, Sydney, 2011

Gregory, A.C., *Journals of Australian Explorations*, James Beal, Gov. Printer, Brisbane (facsimile ed.), 1884

———, 'Memorandum on the Aborigines of Australia', *Journal of Anthropology of Great Britain and Ireland*, vol. XV and XVI, 1887

Grey, G., from Outbackvoices.com, 2009

Grigg, G., P. Hale, and D. Lunney, 'Kangaroo Harvesting in the Context of Ecologically Sustainable Development and Biodiversity Conservation', Conservation Biology, University of Queensland Press, 1995

The Guardian, 5 September 2016

Hagan, S., *The N Word*, Magabala Books, Broome, 2005

Hallam, S., *Fire and Hearth: a study of Aboriginal usage*, AIAS, Canberra, 1995 Harney, B., North of 23°, Australasian Publishing Company, NSW, 1946

Hart, C.W.M. and A.R. Pilling, *The Tiwi of Northern Australia*, Holt Rinehart and Winston, New York, 1979

Hawley, J., 'Art Masters', *Good Weekend*, 4 September 2010

Heaney, S. (trans.), *Beowulf*, Faber, London, 1999

Henderson, B. et al., 'More Than Words', *Language, Documentation and Conservation* vol. 8, 2014

Henry, R., et al., *Australian Orysa: utility and conservation*, Springer Science, 2009

Henson, C.F., *Telling Absence: Aboriginal social history and the national museum of Australia*, ANU, 2009

Hercus, L.A., F. Hodges and J.H. Simpson, *The Land is a Map*, ANU, Canberra, 2002

Hiddins, L., *Bush Tucker Man*, ABC Books, Melbourne, 2001

Hill, B., *Broken Song*, Knopf, Sydney, 2002

Hinkson, M. and Beckett, J. (Eds), *An Appreciation of Difference*, WEH Stanner and Aboriginal Studies Press, Canberra, 2008

Studies, April 2011a, vol. 31
——, *The Biggest Estate on Earth*, Allen & Unwin, Sydney, 2011b
Genoa Town Committee, *Border Tales*, Genoa Town Committee, 2000
Gerritsen, R., *And Their Ghosts May Be Heard*, Fremantle Arts Centre Press, Fremantle, 1994
——, 'Nhanda Villages of the Victoria District of WA', Intellectual Property Publications, Canberra, 2002
——, *Australia and the Origins of Agriculture*, Archaeopress, London, BAR series, 2008
——, *Beyond the Frontier: explorations in ethnohistory*, Batavia Online Publishing, Canberra, 2011
Gibbs, M., *An Aboriginal Fish Trap on the Swan Coastal Plain*, Records of W.A. Museum, supp. no. 79
Giles, E., *Australia Twice Traversed*, Gutenberg, 1872–1876
Gill, I., *All That We Say is Ours*, Douglas and Macintyre, Vancouver, 2010
Gillespie, W.R., 'The Northern Territory Intervention and the Mining Industry', unpublished manuscript, 2009a
——, 'Infamy of the Intervention', unpublished manuscript, 2009b
Gilmore, M., 'Fish Traps and Fish Balks', *Sydney Morning Herald*, 8 November 1933
——, *Old Days, Old Ways*, Angus and Robertson, Sydney, 1934
Goad, P. and J. Willis, *The Encyclopedia of Australian Architecture*, Cambridge University Press, Port Melbourne, 2011
Gorecki, P. and M. Grant, 'Grinding Patches from the Croydon Region, Gulf of Carpentaria', *Archaeology in the North*, North Australia Research Unit, ANU, Canberra, 1994
Gott, B., 'Plant Resources of Mallacoota Area', Series: Rep. 82/31, 1982
——, 'Murnong—Microseris scapigera: a study of a staple food of Victorian Aborigines', *Australian Aboriginal Studies*, vol. 2, 1983, pp. 2–18
——, 'Murnong: a Victorian staple food', *Archaeology*, ANZAAS, 1986
——, 'Ecology of Root Use by the Aborigines of Southern Australia' *Archaeology in Oceania*, no. 19, 1991
——, 'Cumbungi Typha: a staple Aboriginal food in Southern Australia', *Australian Aboriginal Studies*, no. 1, 1999
——, 'Fire-Making in Tasmania', *Current Anthropology*, vol. 43, no. 4, 2002
——, 'Aboriginal Fire Management in S.E. Australia: aims and frequency', *Journal of Biogeography*, no. 32, 2005

Davis, M., 'Sealing and Whaling in Twofold Bay', unpublished manuscript, 2004
Davis, W., *The Wayfinders: why ancient wisdom matters in the modern world*, Anansi Press, Toronto, 2009
Dargin, P., *The Aboriginal Fisheries of the Darling-Barwon Rivers*, Brewarrina Historical Society, 1976
Dawkins, R., *The God Delusion*, Transworld, Black Swan, London, 2006（リチャード・ドーキンス著，垂水雄二訳『神は妄想である――宗教との決別』早川書房，2007.5）
Dawson, J., *Australian Aborigines*, George Robertson, Melbourne, 1881
Denham, T., M. Donohue, and S. Booth, 'Horticultural Experimentation in Northern Australia Reconsidered', *Antiquity*, no. 83, 2009
Ditchfield, C., Salting in Australia, unpublished manuscript, 2013
Dix, W.C. and M.E. Lofgren, 'Kurumi: possible Aboriginal incipient agriculture', *Records of West Australian Museum*, vol. 3, 1974
Duncan-Kemp, A., *Our Sandhill Country*, Angus and Robertson, Sydney, 1934
Edwards, W.H. (Ed.), *Traditional Aboriginal Society*, Macmillan, South Yarra, 1987
Egan, J., Australian Geographic, December 2012, pp. 50–61
Eriksen, R., *Ernest Giles, explorer and traveller, 1835–97*, Heinemann, Melbourne, 1978
Eyre, E., *Reports of an Expedition to King Georges Sound*, Sullivan's Cove Press, Adelaide, 1983
Field, B. (Ed.), *Geographical Memoirs of NSW*, J. Murray, London, 1825
Fisk, E.K., *The Aboriginal Economy*, Allen & Unwin, Sydney, 1985
Flannery, T., *The Explorers*, Text Publishing, Melbourne, 1998
———, *Here on Earth*, Text Publishing, Melbourne, 2010
Flood, J., *The Moth Hunters*, AIATSIS, Canberra, 1980
———, *Archaeology of the Dreamtime*, Collins, Sydney, 1983
Forbes, S. and L. Liddle, 'Hidden Gardens: Australian Aboriginal people and country', *The Good Gardener*, Artifice Books on Architecture, London, 2015
Frankel, D., 'An Account of Aboriginal Use of the Yam Daisy', *The Artefact*, vol. 7, nos 1–2, 1982, pp. 43–5
Fullagar, R. and J. Field, *Antiquity*, vol. 71, no. 272, 1997
Gammage, B., 'Australia Under Aboriginal Management', Barry Andrews Memorial Lecture, ANU, 2002
———, 'Gardens without Fences', *Australian Humanities Review*, Issue 36, July 2005
———, Galahs, unpublished manuscript, 2008
———, 'The History of Gardens and Designed Landscapes', *Australian Historical*

Clarke, P., *Where the Ancestors Walked*, Allen and Unwin, Melbourne, 2003

——, *Aboriginal People and Their Plants*, Rosenberg, Dural, 2007

——, *Aboriginal Plant Collectors*, Rosenberg, Dural, 2008

Cleland, J.B. and T.H. Johnston, 'Notes on Native Names and Uses of Plants in the Musgrave Ranges Region', *Oceania*, vol. 8, 1936, pp. 208–215, 328–342

Cleland, J.B. and T.H. Johnston, 'Aboriginal Names and Uses of Plants in the Northern Flinders Ranges' in *Transactions of the Royal Society of South Australia*, vol. 63, 1939a, pp. 172–79

Cleland, J.B. and T.H. Johnston, 'Aboriginal Names and Uses of Plants at the Granites, Central Australia' in *Transactions of the Royal Society of South Australia*, vol. 63, 1939b, pp. 22–6

Cobley, J., *Sydney Cove 1788*, Hodder and Stoughton, London, 1962

Connor, J., *The Australian Frontier Wars*, UNSW, Sydney, 2002

Cooper, D., *ABC Science News*, Flinders Rangers Rock Shelter, ABC, 4 November 2016

Cooper, W., 'The Changing Dietary Habits of 19th Century Australian Explorers', *Australian Geographer*, vol. 28, 1997

Craw, C., 'Tasting Territory', *The Australian-Pacific Journal of Region Food Studies*, no. 2, 2012a

Craw, C., 'Gustatory Redemption?: colonial appetites, historical tales and the contemporary consumption of Australian native foods', *International Journal of Critical Indigenous Studies*, vol. 5, no. 2, 2012b

Crawford, I.M., 'Traditional Aboriginal Plant Resources', Australian Museum supp. no. 15, 1982

Cruse, B., L. Stewart and S. Norman, *Mutton Fish*, Aboriginal Studies Press, Canberra, 2005

Cundy, B.J., 'The Secondary Use and Reduction of Cylindro-Conical Stone Artifacts', *NT Museum of Arts and Sciences*, vol. 2, no. 1, 1985, pp. 115–27

D'Arcy, P., *The Emu in the Sky*, Natural Sciences and Technology Centre, Canberra, 1991

Davey, M., *Brown Judy*, Penfolk, Melbourne, 2010

Davies, C.L., D.L. Waugh, and E.C. Lefroy, *Perennial Grain Crops for High Water Use*, Rural Industries Research and Development Corporation, Canberra, 2005a

Davies, C.L., D.L. Waugh, and E.C. Lefroy, 'Variation in Seed Yield and Its Components in the Australian Native Grass, Microlaena stipoides', *Australian Journal of Agricultural Research*, no. 56, 2005b

Davis, J., *Tracks of McKinlay and Party Across Australia*, S. Low, Son, & Co., London, 1863

——, *On Track*, New South Books, Sydney, 2015

Briscoe, G.N., *Racial Folly: a twentieth-century Aboriginal family,* ANU E Press and Aboriginal History Incorporated, ANU, Canberra, 2010

Brock, D.G., *To the Desert with Sturt: a diary of the 1844 expedition*, Royal Geographical Society of Australasia, South Australian Branch, 1975

Brockwell, J., C.M. Evans, M. Bowman, and A. McInnes, 'Distribution, Frequency of Occurrence and Symbiotic Properties of the Australian Native Legume Trigonella Suavissima Lindl. and Its Associated Root- Nodule Bacteria', *The Rangeland Journal*, vol. 32, no. 4, pp. 395–406, 26 November 2010

Brodribb, W.A., *Recollections of an Australian Squatter, 1835–1883*, John Woods and Co., Sydney, 1883

Broome, R., 'The Great Australian Transformation', *Agora*, vol. 48, no. 4, 2013

Bulmer, J., John Bulmer's Recollections of Aboriginal Life, A. Campbell (Ed.), *Museum Victoria*, Melbourne, 2007

Bunjilaka Museum, Museum Victoria, Exhibit note, 2009

Butler, B., 'A Snapshot of My Life', Facebook, 2012 Candelo Historical Committee, Candelo Recollects, 1984

Cane, S., 'Australian Aboriginal Seed Grinding and Its Archaeological Record: a case study from the Western desert' in D. Harris and G. Hillman (Eds) *Foraging and Farming: the evolution of plant exploitation*, Unwin Hyman, London, 1989, pp. 99–119

Cathcart, M., *The Water Dreamers*, Text Publishing, Melbourne, 2009

Chalmers, D., Eight Moons to Midnight, unpublished manuscript, 2012

Chivers, I., *Native Grasses*, Fourth Edition, Native Seeds, 2007

——, 'Splendour in the Grass: new approaches to cereal production', *The Conversation*, July 2012, http://theconversation.com/splendour-in-the-grass-new-approaches-to-cereal-production-8301

Chivers, I., R. Warrick, J. Bowman, and C. Evans, *Native Grasses Make New Products*, RIRDC, Canberra, June 2015

Christie, M.J., 'Aboriginal Science for an Ecologically Sustainable Future', *Australian Teachers' Journal*, March 1991

Clark, C.M.H., *Select Documents in Australian History*, Angus and Robertson, Sydney, 1965

Clark, I.D., 'The Journals of George Augustus Robinson, Vol. 2, Oct 1840 to August 1841', *Heritage Matters*, 1998

Clark, I.D. and T. Heydon, *Dictionary of Aboriginal Placenames of Victoria*, Victorian Aboriginal Corporation for Languages, Melbourne, 2002

———, 'They Appear Actually to Vanish from the Face of the Earth: Aborigines and the European project in Australia Felix', *Journal of Genocide Research*, vol. 10, issue 4, 2008a, pp. 519–39
———, 'Sorry, and Not Sorry, in Australia: how the apology to the stolen generations buried a history of genocide', *Journal of Genocide Research*, vol. 10, issue 2, 2008b, pp. 201–14
———, 'Decent Disposal: Australian historians and the recovery of genocide' in D. Stone (Ed.), *The Historiography of Genocide*, Palgrave, Melbourne, 2008c
Basedow, H., *Knights of the Boomerang*, Hesperian Press, Carlisle, 2004
Batman, J., 'The Settlement of John Batman on the Port Phillip', from his own journal, George Slater, 1856
Beale, E., *Sturt: the chipped idol*, Sydney University Press, Sydney, 1979
The Bega Valley Shire, Bega Valley Shire Council, 1995
Bednarik, R.G., 'The Origins of Human Modernity', *Humanities*, vol. 1, 2012
Bellanta, M., 'Fabulating the Australian Desert: Australia's lost race romances, 1890–1908', *Philament*, no. 3, April 2004
Bennett, M., 'The Economics of Fishing: sustainable living in colonial New South Wales', *Aboriginal History*, vol. 31, 2007, pp. 85–102
Berndt, R. and C. Berndt, *The World of the First Australians: Aboriginal traditional life: past and present*, Aboriginal Studies Press, Canberra, 1999
Beveridge, P., various published and unpublished manuscripts including Courtenie and Kurwie (Native Companion and Emu), supplied as copies by Victorian Aboriginal Corporation for Languages from Library and press collections, Box 140/3, library stamped 1911
———, *The Aborigines of Victoria and the Riverina*, Lowden Publishing, Donvale, 2008 (re-issue of ML Hutchinson publication of 1889)
Bird, C. and R.E. Webb (Eds), *Fire and Hearth: forty years on: essays in honour of Sylvia Hallam*, records of the Western Australian Museum, supp. 79, Western Australian Museum, 2011
Bird-Rose, D., *Nourishing Terrains*, Australian Heritage Commission, Canberra, 1996（デボラ・バード＝ローズ著，保苅実訳『生命の大地――アボリジニ文化とエコロジー』平凡社，2003.6）
———, 'Exploring and Aboriginal Land Ethic', *Meanjin*, vol. 47, no. 3, 1998
Blay, J., 'Bega Valley Region Old Path Ways and Trails Mapping Project', Bega Valley Regional Aboriginal Heritage Study, 2005
———, 'The Great Australian Paradox', Eden Local Aboriginal Land Council, 2012

参考文献

Aboriginal Affairs Victoria in conjunction with the Kerrup Jmara Elders Aboriginal Corporation, 'Lake Condah: heritage management plan & strategy', Aboriginal Affairs Victoria, Melbourne, 1993

Albrecht, Rev. F.W., *The Natural Food Supply of the Australian Aborigines*, Aborigines' Friends Association, Adelaide, 1884

Allen, H., 'Where the Crow Flies Backwards: man and land in the Darling Basin', unpublished thesis, Research School of Pacific Studies, ANU, Canberra, 1972

———, 'The Bagundji of the Darling Basin: cereal gatherers in an uncertain environment', *World Archaeology*, vol. 5, 1974, pp. 309–22

———, *Australia: William Blandowski's illustrated encyclopaedia of Aboriginal Australia*, Aboriginal Studies Press, Canberra, 2010

Altman, J., H. Bek, and L. Roach, 'Native Title and Indigenous Utilisation of Wildlife: policy perspectives', Centre for Aboriginal Economic Policy Research, ANU College of Arts & Social Sciences, Canberra, discussion paper 95/1995

Anderson, S., *Pelletier: the forgotten castaway of Cape York*, Melbourne Books, Melbourne, 2009

Andrews, A.E.J. (Ed.), *Stapylton with Major Mitchell's Australia Felix Expedition*, Blubber Head Press, Hobart, 1986

Archer, M., 'Confronting Crises in Conservation' in D. Lunney and C. Kickman (Eds), *A Zoological Revolution: using native fauna to assist in its own survival*, Royal Zoological Society of New South Wales and the Australian Museum, 2002, pp. 12–52

Arkley, L., *The Hated Protector*, Orbit Press, Melbourne, 2000

Ashwin, A.C., *From Australia to Port Darwin with Sheep and Horses in 1871*, Royal Geographic Society of Australasia (SA), 1932

Barber, M. and S. Jackson, *Indigenous Water Values and Water Management on the Upper Roper River Northern Territory: history and implications for contemporary water planning*, National Water Commission, 2012

Barlow, A., *The Brothers Barmbarmbult and the Mopoke*, Macmillan, Melbourne, 1991

Barta, T., 'Mr Darwin's Shooters: on natural selection and the naturalizing of genocide', *Patterns of Prejudice*, vol. 39, no. 2, 2005, pp. 116–37

(11) Keen, 2004, p. 244
(12) Le Griffon, p. 98
(13) ibid., p. 187
(14) McConvell and Evans, 1997, p. 46
(15) ibid., p. 47
(16) ibid., p. 417
(17) Gammage, 2011, p. 150
(18) Flood, 1983, p. 15
(19) Archer, pp. 12–52
(20) Barta, 2008a, p. 534
(21) Stanner, 1979, p. 30
(22) Stanner quoted in Edwards, pp. 225–36
(23) Sturt, 1849, vol. 1, p. 124
(24) ibid., p. 141
(25) ibid., p. 113
(26) ibid., p. 155
(27) Mitchell, 1839, vol. 1, pp. 10–11
(28) ibid., p. 11
(29) ibid., p. 83
(30) ibid., vol. 2, p. 159
(31) Cruse et al., p. 17
(32) Blay, 2005, p. 22

7　オーストラリア農業革命

(1) Davies et al., 2005b, pp. 13–15
(2) Peisley, 2011, Microseris lanceolata pamphlet, p. 3

8　歴史を受け入れ未来を創る

(1) Menzies, pp. 232, 405–6
(2) Menzies, p. 232
(3) McNiven and Russell, p. 113
(4) Snyder, p. 396
(5) Peisley, 2010b, pp. 27–39
(6) Bellanta, p. 7
(7) Flannery, 2010, p. 3

（13）ibid., p. 81
（14）Hutchings and La Salle, pp. 34–5
（15）Egan, pp. 50–61
（16）ibid.

5　火

（1）Mitchell, 1848, in Gott, 2005, p. 204
（2）Gammage, 2011, p. 338
（3）ibid., p. 242
（4）Wakefield, p. 138
（5）Kohen, 1993, p. 4
（6）ibid., p. 5
（7）O'Connor and Jones, p. 17
（8）Gerritsen, 2008, p. 62
（9）Niewojt, p. 3
（10）Tonkin and Landon, p. 208
（11）Gott, 2005, p. 1205
（12）ibid., p. 1203
（13）Gammage, 2011, p. 166
（14）ibid., p. 185
（15）Flannery, 2010, p. 100
（16）ibid.
（17）Gammage, 2002, p. 9
（18）ibid., p. 18

6　天界と言葉と法

（1）Edwards, p. 203
（2）ibid., p. 215
（3）Young, p. 309
（4）ibid.
（5）Macinnis, p. 41
（6）Bird-Rose in Edwards, p. 264
（7）Stanner quoted by Bird-Rose in Edwards, p. 266
（8）Stanner, 1979, p. 25
（9）ibid., p. 214
（10）Gammage, 2011, p. 321

（36）Mitchell, 1839, vol. 1, p. 225
（37）Gerritsen, 2008, p. 50
（38）Williams, E., 1984, p. 174
（39）Memmott, p. 166
（40）ibid., pp. 170–8
（41）ibid., p. 136
（42）ibid., p. 74
（43）Field, p. 54
（44）Le Griffon, p. 291
（45）*The Guardian*, 15 September 2016
（46）Peisley, unpublished research documents（Pascoe collection）
（47）Dawson, p. 10
（48）Kenyon, pp. 71–5
（49）McNiven and Russell, p. 113
（50）Memmott, p. 185
（51）Johnston and Rolls, p. 137
（52）Mollison, pp. 7.2–7.3
（53）Thomson, p. 217
（54）Memmott, p. 223
（55）ibid., p. 237
（56）Peisley, unpublished research documents（Pascoe collection）
（57）Mitchell, 1839, vol. 1, p. 321

4　貯蔵と保存

（1）Gerritsen, 2008, p. 55
（2）ibid., p. 56
（3）Ashwin, 1932, p. 64, in Gerritsen, 2008, p. 57
（4）Howitt in Smyth, R.B., vol. 2, pp. 302–3
（5）Gerritsen, 2008, pp. 56–7
（6）Crawford, p. 8
（7）Young, p. 246
（8）Flood, 1980, p. 74
（9）Peisley papers; Pascoe collection; Flood, 1980, p. 81
（10）Gerritsen, 2008, p. 82
（11）Gerritsen, 2011, p. 58
（12）Gerritsen, 2008, pp. 56, 79

3 人口と住居

（1） Sturt, 1849, p. 111
（2） ibid.
（3） ibid., p. 58
（4） ibid., p. 108
（5） ibid., p. 124
（6） Gerritsen, 2011, p. 25
（7） ibid., p. 29
（8） Organ and Speechley, p. 6
（9） Duncan-Kemp, 1934
（10） Willingham
（11） Mitchell, 1848/1969, p. 90
（12） Sturt, 1833, vol. 1, p. 298; vol. 2, p. 140
（13） Memmott, p. 223
（14） ibid., p. 22
（15） Gammage, 2011, p. 229
（16） ibid.
（17） ibid., p. 231
（18） Mitchell, 1839, vol. 1, pp. 76–7
（19） ibid., p. 240
（20） ibid., vol. 2, p. 247
（21） ibid., p. 351
（22） ibid., vol. 1, pp. 156–8
（23） ibid., p. 160
（24） ibid., p. 90
（25） Barta, 2008a, p. 520
（26） Mitchell, 1839, vol. 2, pp. 96–7
（27） Andrews, 1986, p. 77
（28） Gerritsen, 2008, p. 164
（29） Mitchell, vol. 2, p. 271
（30） Pope, p. 12
（31） Lindsay, p. 4
（32） Goyder, p. 4
（33） Stuart, pp. 42, 71
（34） McMillan, p. 46
（35） Howe, p. 10

（90）Grigg, ch. 26
（91）ibid.
（92）Latz, 1995, pp. 54–5

2 水産養殖

（1）Beveridge, 1889/2008, p. 89
（2）ibid.
（3）Gibbs, p. 6
（4）Wright, p. 3
（5）Cruse and Norman, p. 17
（6）Walters, p. 51
（7）Stuart, p. 68
（8）Mathews, pp. 146–56, and Dargin, p. 38
（9）Wikipedia, 2013 and NSW Heritage Council, 15 April 2010
（10）Hope and Vines, p. 67
（11）Phillips
（12）Batman
（13）Morieson, 1994, p. 34
（14）Thomas
（15）Wesson, 2000, pp. 91–2
（16）Gerritsen, 2008, p. 111
（17）Williams, J., p. 18
（18）ibid., p. 20 19 ibid., p. 118
（20）ibid.
（21）Dawson, p. 19
（22）Sturt, 1849, p. 111
（23）Mitchell, 1839, vol. 1, p. 336
（24）Gilmore, 1933
（25）Davis, J., p. 90
（26）Memmott, p. 68
（27）Melbourne Museum, 2009
（28）Cruse et al., p. 8
（29）Beveridge, 1889/2008, p. 95
（30）Smyth, D., p. 6

(54) Sullivan, et al., pp. 235–6
(55) Kimber, 2005, p. 16
(56) Gerritsen, 2011, p. 25
(57) Rolls, 2005, p. 15
(58) ibid.
(59) Sturt, 1849, p. 90
(60) John Morieson, personal conversation and demonstration with the author, 2009
(61) Dix and Lofgren, pp. 73–7
(62) Barber and Jackson, pp. 18–50
(63) Mitchell, 1839, vol. 2, p. 153
(64) Gammage, 2011, p. 132
(65) Archer, p. 20
(66) Gerritsen, 2008, p. 50
(67) Latz, 1999, p. 17
(68) Ashwin, 1870–71, in Gammage, 2008, p. 5
(69) Harney, p. 45
(70) Gerritsen, 2008, p. 45
(71) Denham et al., p. 637
(72) Kirby, p. 28
(73) ibid., p. 34
(74) Mitchell, 1839, vol. 2, p. 61
(75) Kirby, p. 28
(76) Mitchell, 1839, vol. 2, p. 134
(77) Courtenie and Kurwie, p. 1, in Beveridge, 1911
(78) Beveridge, 'The Story of Coorongendoo Muckie of Balaarook', 1911, p. 3
(79) Gerritsen, 2008, p. 60
(80) Denham et al., p. 643
(81) Tindale, pp. 345–9
(82) ibid., p. 141
(83) Koori Mail, 18 May 2016, p. 4
(84) Davis, W., pp. 8–9
(85) Cooper, D.
(86) Kershaw, pp. 1–11
(87) Ross, p. 29
(88) Lourandos, 1997, p. 335
(89) Lourandos, 1994, p. 60

（18）Gott, 2005, p. 1205
（19）Gammage, 2011, p. 190
（20）Mitchell, 1839, vol. 1, p. 90
（21）Mitchell, 1848/1969, p. 274
（22）Mitchell, 1839, vol. 1, p. 14
（23）Rolls, 1981, p. 37
（24）Howitt, 1855, p. 309
（25）Kimber, 1984, p. 16
（26）Gerritsen, 2008, p. 60
（27）Rolls, 2009, ch. 7, p. 7
（28）ibid.
（29）Duncan-Kemp, pp. 146–7
（30）Robinson, 1841/1998, vols. 1–4, p. 207
（31）ibid.
（32）Mitchell, 1839, p. 238
（33）Sturt, 1849, p. 69
（34）ibid., p. 71
（35）Brock, p. 133
（36）Sturt, 1849, p. 155
（37）Mitchell, 1839, vol. 2, p. 65
（38）Morcom and Westbrooke, p. 286
（39）Kimber, 1984, p. 15
（40）McKinlay, 1861, p. 50, in Gerritsen, 2008, p. 50
（41）Gerritsen, 2008, p. 43
（42）Etheridge, 1894, p. 110, in Gerritsen, 2008, p. 110
（43）Gerritsen, 2008, pp. 42, 78
（44）ibid., p. 83
（45）ibid., p. 84
（46）Gammage, 2008, p. 14
（47）Chivers, 2012
（48）ibid.
（49）ibid.
（50）Wurm et al., 2012, p. 1
（51）Kimber, 1984, p. 19
（52）Rolls, 2005, p. 15
（53）Gorecki and Grant, pp. 235–6

注

はじめに

（1） Barta, 2005, p. 124
（2） Smith, L.T., pp. 20–4
（3） Kirby, pp. 31–2
（4） ibid., pp. 35–6
（5） ibid., p. 36
（6） Beveridge, 1889/2008, pp. 54, 103–6
（7） Kirby, p. 79
（8） ibid.
（9） ibid., p. 109
（10） Rolls, 1981, p. 84

1　農耕

（1） Gerritsen, 2008, pp. 39–41, 62
（2） Gammage, 2011, p. 281
（3） Mitchell, 1848/1969, p. 90
（4） Mitchell, 1839, vol. 1, pp. 237–8
（5） Mitchell, 1839, vol. 2, p. 194
（6） Andrews, p. 146
（7） Grey, pp. 6–7
（8） Gerritsen, 2008, p. 33
（9） Robinson, p. 326
（10） Mitchell, 1839, in Gott, 2005, p. 1204
（11） Hunter, 1793/1968
（12） Arkley, p. 317
（13） Batey quoted in Frankel, p. 44
（14） Gott, 1982, p. 65
（15） Frankel, pp. 43–4
（16） Le Griffon, p. 51
（17） ibid.

（p. 250） Public domain

（p. 251） *Angus McMillan with two Aboriginal Friends*, held by the La Trobe Picture Collection at the State Library of Victoria （p. 116）Photograph by Stephen Mitchell

3　人口と住居

（p. 144）Photograph from Queensland Museum. Reproduced in Memmott, P.; TITLE, UQP: 2007, p.19 Gunyah, Goondie & Wurley

（p. 147）Photograph by Lyn Harwood

（p. 150）From Smyth Papers, La Trobe Library, Melbourne. Reproduced in Memmott, *P. Gunyah, Goondie & Wurley: The Aboriginal Architecture of Australia*, UQP: 2007, p. 197, figure I

（p. 151）From Smyth Papers, La Trobe Library, Melbourne. Reproduced in Memmott, *Gunyah, Goondie & Wurley*

（p. 158）Photograph by Lyn Harwood

（p. 160）Taken from *Science of man and Journal of the Royal Anthropological Society of Australasia*, vol.2, 1899, p. 65. Used in Young, M., *Aboriginal People of the Monaro*, 2nd edn, NSW National Parks and Wildlife Service, p. 314

（p. 162）Photographs by Jane Pye

（p. 164）Image courtesy of the State Library of South Australia. SLSA: Special Collection 994T M682 — Plate 20 — *Burying-ground of Milmeridien*

（p. 166上）Image courtesy of the State Library of South Australia. SLSA: Special Collection 994T M682 — Plate 16 — *Tombs of a tribe*

（p. 166下）Haddon Library of Archaeology and Anthropology, University of Cambridge

4　貯蔵と保存

（p. 177）Haddon Library of Archaeology and Anthropology, University of Cambridge

5　火

（p. 195上）Photograph by Lyn Harwood

（p. 195下）Photograph by Helen Stagall

7　オーストラリア農業革命

（p. 242）Photographs by Lyn Harwood

（p. 243左）Photograph by Jeanette Hope

（p. 243右）Photograph by Lyn Harwood

8　歴史を受け入れ未来を創る

写真・図版出典

前付

（p. 3）Photograph by Barnaby Norris. From *Emu Dreaming: an introduction to Australian Aboriginal astronomy*, Ray and Cilla Norris, Emu Dreaming, 2009, p. 5

1　農耕

（p. 37）Illustration by JH Wedge, 'J.H.W. Native women getting tam bourn roots 27 August 1835'. From the *Todd Journal Andrew (alias William) Todd John Batman's recorder and his Indented Head journal 1985*. La Trobe section, State Library of Victoria, p. 70

（p. 38）Photographs by Vicky Shukuroglou

（p. 46左）Photograph by Beth Gott

（p. 46右）Illustration by John Conran, University of Adelaide

（p. 47）'Perennial Grain Crops for High Water Use—the case for Microlaena stipoides.' CL Davies, DL Waugh and EC Lefroy, RIRDC publication number 05/024. Adapted from the *Tindale map, Aboriginal Tribes of Australia: their terrain, environmental controls, distribution, limits and proper names*, Australian National University Press, Canberra, 1974

（p. 57）Photographs by Jonathon Jones

（p. 68）Photograph by Lyn Harwood

（p. 85）Photograph by Lyn Harwood

2　水産養殖

（p. 94）Ref 85/1286–722. Tyrrell Collection, Powerhouse Museum, Sydney

（p. 98）Ref 85/1285-1135. Photograph by Henry King. Tyrrell Collection, Powerhouse Museum, Sydney

（p. 109）Photograph by DF Thomson. Courtesy of the Thomson family and Museum Victoria

（p. 111）Photograph by Connah and Jones, University of New England. Reproduced in Memmott, P., Gunyah, Goondie & Wurley. *The Aboriginal Architecture of Australia*, UQP, Brisbane: 2007, p. 69, figure ii

わ

ま

や

ら

か

その他

動・植物等

ま

や

ら

さ

た

地名

ま

や

な

は

さ

た

索　引

人名・オーストラリア先住民集団名等

〈著者略歴〉

ブルース・パスコウ（Bruce Pascoe）

長い間作家をしてきたブルース・パスコウは現在、オーストラリア放送協会（ABC）に2つの映画を手掛け、オーストラリアの小説やアボリジナルに関連するその他多くの書籍を手掛けている。彼はビクトリア州ギプシー岬に住み、ブヌロン集団、タスマニア先住民集団、ユイン集団の系譜を受け継いでいる。『ダーク・エミュー』は2016年にニューサウスウェールズ州知事の文学賞、なかでも本大賞と先住民作家賞の2つを受賞した。

〈訳者略歴〉

友永雄吾（ともなが　ゆうご）

総合研究大学院大学地域文化学専攻修了　博士（文学）。国立民族学博物館外来研究員、日本学術振興会特別研究員を経て現在、龍谷大学国際学部准教授。専門領域は社会・文化人類学、オーストラリア先住民研究。

［主な著書・論文主著］

「オーストラリアにおける先住民族の遺骨・副葬品の返還と再埋葬」（『オーストラリア研究34号』2021年）

『スタディツアーの理論と実践――オーストラリア先住民との対話から学ぶフォーラム型ツアー』（明石書店、2019年）

『オーストラリア先住民の土地権と環境管理』（明石書店、2013年）

ダーク・エミュー
アボリジナル・オーストラリアの「真実」
――先住民の土地管理と農耕の誕生

2022年6月30日　初版第1刷発行

著　者　ブルース・パスコウ
訳　者　友永雄吾
発行者　大江道雅
発行所　株式会社明石書店
〒101-0021 東京都千代田区外神田6-9-5
電　話　03（5818）1171
FAX　03（5818）1174
振　替　00100-7-24505
http://www.akashi.co.jp
装丁　明石書店デザイン室
印刷／製本　モリモト印刷株式会社

ISBN978-4-7503-5345-6
Printed in Japan
（定価はカバーに表示してあります）